细说史记三千年·吴越争霸（故事篇）

王嗣敏 著

华夏出版社

图书在版编目（CIP）数据

细说史记三千年. 吴越争霸. 故事篇/王嗣敏著. -- 北京：华夏出版社有限公司，2022.7
ISBN 978-7-5222-0216-7

Ⅰ.①细… Ⅱ.①王… Ⅲ.①中国历史－古代史－纪传体 ②《史记》－通俗读物 Ⅳ.①K204.2-49

中国版本图书馆CIP数据核字（2021）第238135号

细说史记三千年·吴越争霸（故事篇）

著　　者	王嗣敏
责任编辑	张　平　曾　华
出版发行	华夏出版社有限公司
经　　销	新华书店
印　　刷	三河市少明印务有限公司
装　　订	三河市少明印务有限公司
版　　次	2022年7月北京第1版 2022年7月北京第1次印刷
开　　本	890mm×1280mm　1/32
印　　张	7.125
字　　数	170千字
定　　价	55.00元

华夏出版社有限公司　地址：北京市东直门外香河园北里4号　邮编：100028
网址：www.hxph.com.cn　　电话：（010）64618981
若发现本版图书有印装质量问题，请与我社营销中心联系调换。

/ 目 录 /

吴越论剑

第 一 章 /	尽孝道高风亮节	封吴国报李投桃	/003
第 二 章 /	吴王僚福祸相依	公子光暗藏杀机	/006
第 三 章 /	伍子胥绝处逢生	兄与弟相煎何急	/014
第 四 章 /	伍子胥鞭尸三百	吴阖庐阴沟翻船	/019
第 五 章 /	越战败退守会稽	欲求和别作良图	/022
第 六 章 /	贿伯嚭投其所好	吴夫差养虎遗患	/025
第 七 章 /	心忐忑勾践入吴	求活命卑躬屈膝	/029
第 八 章 /	尝大便含垢忍辱	被释放猛虎归山	/035
第 九 章 /	立长志精卫填海	下决心十年生聚	/040
第 十 章 /	建水军协同作战	行军法十年教训	/045
第十一章 /	重外交广结盟友	抓经济计然七策	/049

第十二章 /	攻打齐战略北进	心腹患置之不顾	/ 054
第十三章 /	露败象穷兵黩武	吴夫差本末倒置	/ 062
第十四章 /	伍子胥掏心掏肺	耍阴谋文种九术	/ 067
第十五章 /	吴王昏自毁长城	太子谏螳螂捕蝉	/ 071
第十六章 /	贤子贡倾国有术	巧设计鹬蚌相争	/ 075
第十七章 /	黄池会强弩之末	战机现一鼓作气	/ 084
第十八章 /	蒙羞脸夫差自尽	左传里伯嚭复活	/ 089
第十九章 /	性油滑纵君之恶	爱己身有才无德	/ 095
第廿章 /	寡情义鸟尽弓藏	知进退明哲保身	/ 100
第廿一章 /	想救人兄弟情深	疑被耍反戈一击	/ 103
第廿二章 /	隐君子浮舟沧海	陶朱公笑傲江湖	/ 108

伍子胥传（故事篇）

第 一 章 /	楚平王寡廉鲜耻	费无忌狼狈为奸	/ 115
第 二 章 /	谋太子城门失火	伍氏族惨成池鱼	/ 121
第 三 章 /	兄弟俩同尽孝道	朋友间各起誓言	/ 124
第 四 章 /	太子建见利忘义	郑定公瓮中捉鳖	/ 127
第 五 章 /	过昭关一夜白头	遇贵人瞒天过海	/ 130
第 六 章 /	渔丈人两肋插刀	浣纱女以死明志	/ 134
第 七 章 /	伍子胥吴市吹箫	刺王僚专诸献鱼	/ 138
第 八 章 /	受重任子胥领政	遭迫害伯嚭投吴	/ 143
第 九 章 /	同是天涯沦落人	相逢皆因费无忌	/ 147
第 十 章 /	报父仇掘墓鞭尸	哭秦廷包胥搬兵	/ 153

第十一章 / 忠被谤冤沉海底　空怀恨悬眼国门 / 156
第十二章 / 白公胜兵败自尽　忍小耻方成大业 / 159

伍子胥传（评论篇）

第 一 章 / 伍子胥档案披露　十连评得失复盘 / 165
第 二 章 / 忠不忠模棱两可　孝不孝难画难描 / 167
第 三 章 / 目标同上下同欲　社稷臣鞠躬尽瘁 / 172
第 四 章 / 差距大见钱眼开　政见异鹰鸽斗法 / 176
第 五 章 / 孙武子走为上计　伍子胥矢志不渝 / 179
第 六 章 / 名士志名士能识　英雄心英雄可知 / 182
第 七 章 / 宜将剩勇追穷寇　不可沽名学夫差 / 186
第 八 章 / 天作孽可原可恕　自作孽血债血偿 / 194
第 九 章 / 真假相乱花迷眼　鞭尸说扑朔迷离 / 200
第 十 章 / 壮士结局虽堪叹　一生忠烈有天知 / 217

吴越论剑

> 吴宫花草埋幽径，晋代衣冠成古丘，此为李太白之咏叹。吴国之亡怨谁？伯嚭当权，子胥受诛，夫差失道寡助，攻齐、胁晋、击楚、存越，四处用兵八方泄力，终究外强中干好战必亡，说西施误国，岂不胡闹？
>
> 越王勾践破吴归，义士还家尽锦衣，亦是谪仙人之佳句。越国之兴何因？文种九术，计然七策，范蠡伐谋伐兵，亲齐、结晋、固楚、骗吴，十年生聚十年教训，才能以弱变强吞吴称霸，看卧薪尝胆，只是药引。
>
> 嗣敏试对《吴越论剑》

第一章　尽孝道高风亮节　封吴国报李投桃

要想讲清楚吴国的来源，就要从头讲起。黄帝有一个曾孙叫帝喾（kù），是"五帝"中的第三位。目前可以确认的是，他有四位妻子，元妃（正妃）姜原（或"嫄"），生下的是后稷，也叫弃，是周朝始祖；次妃简狄，生下的契（xiè），是商朝始祖。他还娶陈锋氏之女，生下放勋，也就是尧（"五帝"中的第四位），另有娵（jū）訾氏，生的是挚（zhì）。按照《帝王世纪》的记载，帝挚的母亲排行最末，但是帝挚年龄最长，因此得以登上帝位，并封异母弟放勋为唐侯（唐，古国名，在今山西翼城西）。帝挚在位九年，没有取得明显的政绩，唐侯放勋却做得风生水起，经济快速增长，GDP 数据抢眼，软文化做得也不错，诸侯归之，帝挚也服气，于是率领群臣去唐地朝拜他，并且禅让帝位。唐侯知道自己获得了民意代表的心，于是接受了帝位，改封挚于高辛，他自己则成为鼎鼎大名的尧。

博学的读者可以参看本系列丛书之《霸主之路》，里面世系传承介绍得比较清晰。要谈周朝的早期发展史，就要先谈谈后稷。相传后稷并不是通过父精母血而生育的，而是帝喾正妃姜原偶然踩到了巨人的脚印上怀孕而生，她以为不祥，一度将他遗弃，可后稷能够获得上天护佑：把他抛在小巷里，经过的牛马都避开他，不去践踏；把他抛到树林里，恰好赶上树林里人多；把他抛在水渠的冰块上，一群飞鸟却用翅膀覆盖和衬垫着他。姜原认为他很神奇，加上担心犯了遗弃婴儿罪，并且母性最终也战胜了恐惧，就又把他抱了回来，抚育成人。因为此前曾经抛弃过他，所以取名为"弃"。

就像《史记·孔子世家》中记载孔子小时候和儿童游戏时就常常摆设祭器、学做祭祀礼仪动作一样，弃很小的时候就喜欢栽麻、种豆，而且试验田上的麻、豆长得非常丰茂。等弃成人之后，他对土地和农业问题更加上心，而且注重调查研究和经验总结，善于做土壤化验，观察土地的特点，因地制宜，该种什么谷物就种什么谷物，这就属于掌握了规律，事半功倍。因此，弃就是"远古时代的袁隆平"，民众都学习他，以他为榜样。弃的同父兄弟尧此时是最高领导，而弃有德有才，是农业领域的头号专家，于是尧顺理成章地提拔弃当农师。他应是在舜当政时，被封于邰，号"后稷"，独立为姓，为姬姓。

从后稷开始，历经不窋（zhú）、鞠、公刘、庆节、皇仆、差（chā）弗、毁隃（yú。另作毁渝、毁榆）、公非、高圉（yǔ）、亚圉、公叔祖类，到古公亶（dǎn）父，共十二代。

简述周朝建国前的发展史，是为了对吴国的源头有更清晰的认知。

言归正传。

中华民族的"人文初祖"黄帝有一支子孙，传到一个叫古公亶父的人那里，那人后来被称为"周太王"，是周朝的奠基人。他有三个儿

第一章　尽孝道高风亮节　封吴国报李投桃

子：老大吴太伯［吴国始祖，即吴王阖庐的祖先。吴王阖庐，还有一个写法是吴王阖闾（lú），在本书中统一为吴王阖庐。在出土的青铜器铭文中，一般称吴国为句吴。越王勾践，在一些典籍和资料中称为"越王句践"，在本书中统一为"越王勾践"，或"勾践"］、老二仲雍、少子季历。季历之子即声名远播的周文王。由此可见，吴国与周朝颇有渊源。

周太王想立季历为继承人，因为季历贤明，更重要的是，季历的儿子姬昌仁德慈孝。周太王立储的想法是高瞻远瞩的，考虑到了三代以后的事，但问题是季历上面有两个哥哥，这让周太王处于两难的境地。若立季历，他怕其他两个儿子怪自己偏心眼，心怀不满，这样就会留下隐患；若立吴太伯或仲雍，他们的后代比不上姬昌贤明，这样自己心有不甘。

吴太伯和仲雍揣摩到了父亲的心思，二人应该比较有孝心，就一起逃到长江中下游地区。在当时，"长三角"偏远荒凉，那里的人愚昧落后，吴太伯和仲雍两人入乡随俗，在身上刺了纹身，剪短了头发，表示无意于王位来避让季历。季历果然被立为王，这就是王季。他的儿子姬昌顺理成章地继承了王位，成了周文王。

吴太伯逃到荆越地区后，自称勾吴。当地百姓认为他义薄云天，因而归附他的有一千多家。

周武王取得天下之后，分封宗族及功臣，建立诸侯国。饮水思源，他知道自己之所以有今天，是因为祖父的大哥与二哥谦让，于是寻找他们的后代。

吴太伯去世后，因为无子，其弟仲雍继位。仲雍死后，其子孙季简、叔达、周章相继登基。周章与周武王同时代，被周朝封为吴国的君主，统治区域大致是以现在苏州为中心的领地。此篇是《史记》之《吴太伯世家》《越王勾践世家》的合传。

第二章　吴王僚福祸相依　公子光暗藏杀机

　　从吴太伯以下几代，基本没有什么需要深刻记忆的，因为在那个时间跨度中的吴国，还没有深刻影响他国政治的能力，实力弱小，偏安一隅。从吴太伯、仲雍、季简、叔达传到周章，也就是到了第五任吴国领袖周章在位时，正是周武王攻灭了商纣王取得全国政权的时候，此时他要分封诸侯，以便实现对全国的统治，也是对王室成员、功臣勋旧、商代贵族的一种奖赏。吴国虽然没有参与到武王伐纣（zhòu）的行动中去，但是如果没有吴太伯的谦让，周武王的祖父季历就没有机会成为第一继承人，也就很难有周武王今天的功业，因此，周武王喝水不忘挖井人，开始寻找吴太伯的后人。此时，吴国当政的是周章。于是，周武王正式册封周章为吴国的君主，吴国的存在不论是在血缘上，还是在法理上，都名正言顺。

　　不仅周章获得了封号，周章的弟弟虞仲也获得了封赏，被分封在虞国。前文提到，老大吴太伯和老二仲雍为了给兄弟季历让路，一起出走

第二章 吴王僚福祸相依 公子光暗藏杀机

了。仲雍还有一种叫法，叫虞仲，但是他不能与周章的弟弟虞仲混为一谈，他俩差好几辈呢。吴太伯无子，吴国真正的世系是从老二仲雍传下来的。

周章的弟弟大概排行第二，或者其名或字为仲，被封在虞国，所以称虞仲。虞国在今山西平陆北，就是晋文公的父亲晋献公时，被假途伐虢（guó）灭掉了的那个虞国，传了十二代。当时，百里奚为虞国的大臣，劝谏虞君，虞君不听，虞国被灭。后来，百里奚辗转来到秦穆公当政的秦国，得到器重，成为百官中的第一号人物。

◎吴王世系表

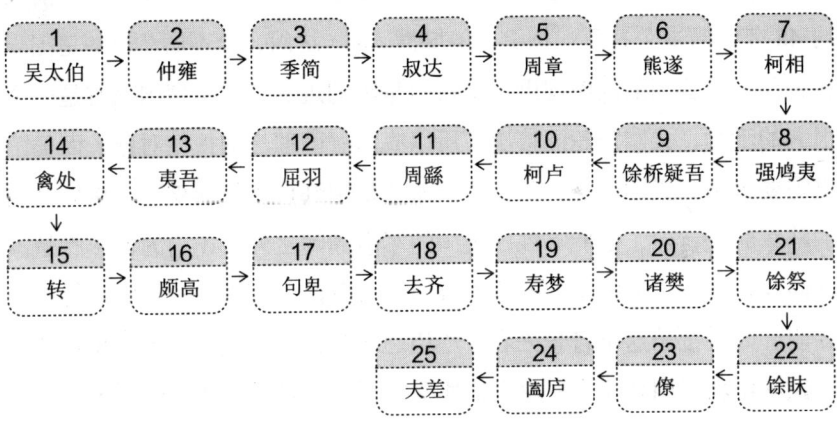

到吴王寿梦时，从吴太伯算起，寿梦是吴国第十九代国君。吴国这时日益强大起来，开始称王，并且与中原国家往来，参与到了列国政治中去。吴王寿梦二年（公元前584年），楚国的大夫巫臣，因为娶夏姬一事与将军子反结仇，逃亡到了晋国，后来又从晋国来到吴国，帮助吴国练兵和使用车战，并且让他的儿子担任吴国的行人。行人，不是指在路上走道的人，而是指一种官职或在这个职位上的人，类似于今天的"编辑"，既指岗位，也指人。"行人"更复杂一些，它有两个含义：一个是指"大行"这个职位或在这个职位上的人，掌宾客礼仪等事，西周时开始设置，按照《周礼·秋官·行人》的记载，行人分为大行人、小行人，大行人"掌大宾之礼及大客之仪以亲诸侯"，小行人"掌邦国宾客之礼籍以待四方之使者"；另外一个是指外交职位或在这个职位上的外交使者或外交官。

当时，晋国派巫臣来吴国，是有比较深刻的背景的。晋楚争霸所导致的南北矛盾，延续了一二百年，是春秋时期的主要矛盾。进入战国时期之后，秦国与六国的东西矛盾成为主要矛盾。从吴王寿梦二年向前推约48年，晋文公打了一场漂亮的城濮（pú）之战，给不断北进的楚国当头一棒。在晋国的战略视野里，扶植楚国的近邻，对于楚国而言是一个很大的牵制，吴国与楚国接壤，所以成为晋国理想的扶植对象，而吴国也需要晋国的援助。这一次，晋国派从楚国逃亡出来的巫臣去指导吴国的陆军建设，除了他能够胜任吴国的军事顾问之外，还因为他熟悉楚国的内政，可以给吴国更多的政治教诲。可以说，晋国这一步棋走得相当高明。如果按照这个背景来看，巫臣之子担任的行人——《吴越春秋》上说巫臣之子叫狐庸——应该是外交官，虽然是吴国任命的，不过也应该承担着类似于"晋国常驻吴国大使"的职务，主要任务是联结晋国，制约楚国，并因此而制定相应的外交战略。

从吴王寿梦二年向后推约70年，在吴王阖庐元年（公元前514年），伍子胥来到了吴国。伍子胥依然是楚国的大夫，依然担任行人一职，依然是进行军事改革并增强吴国军事实力的人，不过他的主要贡献，不是陆军建设，而是水军建设。伍子胥甚至在中国水军建设史上，都可以算

第二章 吴王僚福祸相依 公子光暗藏杀机

是第一号人物。在前后五六十年里,巫臣和伍子胥从陆军、水军两个维度入手,把吴国的军事实力提升到了一个高度,这是吴王阖庐和吴王夫差得以称霸一方的关键所在。

现在重点不是做战略分析,而是说一下吴王寿梦的四个儿子,依次是老大诸樊、老二馀祭(zhài)、老三馀眜(mò)、老四季札。老四季札最贤能,吴王寿梦就想让他当继承人,可他谦虚退让,坚辞不受。吴王寿梦没有办法,就立了老大诸樊。但当时吴王寿梦的意思是让老大做"代理吴王",组织一个过渡政权管理日常政务,通过兄终弟及的方式,最后把吴王之位传给季札。

现在重点还不是继承人问题,而是这四个兄弟的名字,确实让人头

◎吴国近代世系图

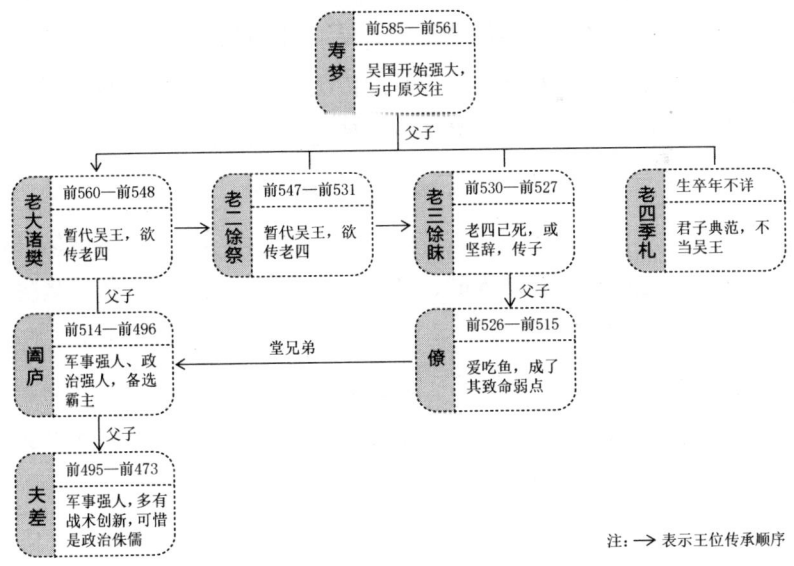

注:→ 表示王位传承顺序

疼。最没有争议的是老四季札（也称延陵季子），争议较小的是老大诸樊，第三让人挠头的是老二馀祭，最让人心急火燎的是老三馀眜。由于史籍记载的不同，包括考古出土的青铜器铭文的差异，馀祭的别名主要有戴吴、句（gōu）馀。而老三馀眜的问题最大，不但叫法很多，而且读音都不确定，他的别名有余眛、馀眜、夷眛、夷末，究竟是叫眜，还是叫眛，至今依然争论不休。

这是复杂的学术问题，不在这本书的研究范围内，而且《史记》在流传中出现了不同的版本。笔者根据《史记注译》把吴王寿梦的四个儿子，做如下的统一：老大诸樊、老二馀祭、老三馀眜、老四季札。

这里还有一个问题，就是吴王僚和吴王阖庐的关系问题。《史记》的说法，两个人是堂兄弟。吴王僚是老三馀眜之子，吴王阖庐是老大诸樊之子。在老三传位之时，老四季札还在，还出去搞外交，只是他确实无意于吴王之位，才让吴王僚登基了。吴王阖庐的抱怨有道理，如果他是老大诸樊之子的话，按照兄终弟及的传统，四叔季札不继承，那么从下一辈轮，应该从他开始。可是还有一种说法，两个人是叔侄。吴王僚是吴王寿梦的庶子，而吴王阖庐是老三馀眜的儿子。诸樊、馀祭、馀眜、季札似乎是一母所生的嫡子，四个人按照顺序接班，大家都没有意见。到了老三馀眜要找接班人时，老四季札或者已死，或者依然坚决推辞，于是老三就把王位传给了吴王僚。僚，据《吴越春秋·吴王寿梦传》，僚又称州于。阖庐认为吴王僚是庶出，不正宗，对他的继位非常不满，对伍子胥说"我王嗣也"，意思是说，我才应该是王位的继承人，于是准备刺杀吴王僚。

对于这些问题，笔者只做一个简单介绍。关于吴王僚和吴王阖庐的关系，本书还是以《史记》的记载为准，两个人是堂兄弟。

第二章　吴王僚福祸相依　公子光暗藏杀机

◎吴王僚与吴王阖庐关系的两种说法

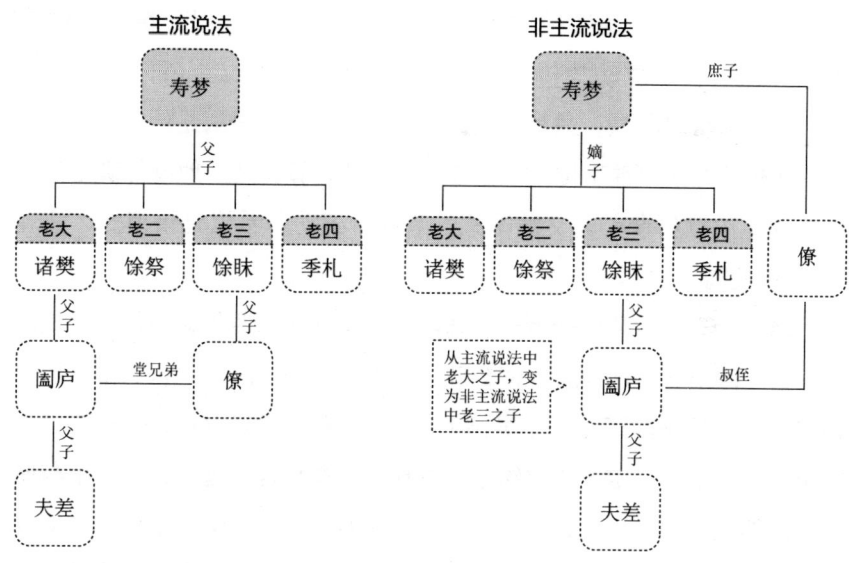

以上只是对一些疑难问题，做一个统一的梳理和说明。

我们还是回到吴王寿梦只是让老大诸樊"代理吴王"说起。

吴王寿梦属意老四季札，老大诸樊心知肚明。当吴王寿梦去世以后，老大诸樊继位。服丧期满，除去丧服，他就要让位给老四季札，可季札说："我要像古人那样坚守节操。当国君并不是我的志向，而且大哥是合法的继承人，谁敢冒犯您呢？我也没有什么才能，希望大哥安居王位，不要对我苦苦相逼。"这个季札（他是成语"叹为观止"的主人公。有一次在鲁国欣赏大舜创作的韶乐时，他赞叹道："观止矣！""观止"是指看到了止境，事物好到了极点，看到这里就够了。中国有部伟大的经典《古文观止》，其"观止"之意与此相同，意思是古文精华一网打尽。在拙作中，笔者多次提到此书）是一个音乐鉴赏家。当人沉迷于某件事时，就会难以自拔。季札或者因为痴迷于音乐而淡化了其他诉求，或者因为确实没有政治抱负，或者因为确实谦虚谨慎，认为自己无德无识，况且年龄最小，按照立长不立幼的传统观念，自己不应该继位，所以他坚决推辞。老大诸樊没办法，只能正式称王。他死之时，遗嘱是传位给老二馀祭。他想依照次序往下传，一定要传给季札才算完结。他既想满足父亲生前的愿望以尽孝心，又被季札的节操所感动，希望兄弟相传，实现"和平过渡"。

老二馀祭死后传位给老三馀眛。老三馀眛在位四年就不行了，他想传位给老四季札，这样就合情合理了，可季札还是辞让，认为富贵于他如浮云，并且逃走了。于是吴国人就说："先王留有遗嘱，哥哥去世，弟弟代立为王，一定要传位给老四季札。可季札现在逃走让位，事与愿违，虽然让人感慨不已，但国不可一日无君。老三馀眛是最后一个继位的君王，如今去世了，他的儿子应该继位。"于是老三馀眛的儿子僚继位为吴王，史称"吴王僚"。

这个老四季札确实是一个道德高尚的人。这四兄弟的谦虚退让一直被传为美谈。面对君王之位的诱惑，竟然都能顾念兄弟之情，保持节操，从古至今这都是难能可贵的。历史上有多少兄弟因为争夺皇权而同室操戈！三国时有曹丕对曹植的"兄弟相煎"；唐朝时有李世民对大哥李建成、三弟李元吉发动的"玄武门之变"；宋朝时有宋太祖赵匡胤与宋太宗赵光义"烛光斧影"的历史迷雾；清朝时有康熙末年的"诸子夺嫡"。

季札有一回在出使途中去拜访徐国国君。徐国国君非常喜欢季札所佩的宝剑，但是爱它在心口难开，因为君子不夺人之美。季札心里雪亮，但他还有出使任务，需要这把宝剑，就故作糊涂，没有把宝剑献给

第二章 吴王僚福祸相依 公子光暗藏杀机

徐国国君。当季札完成出使任务返回徐国时，徐国国君已经仙逝了。于是，季札就解下自己的佩剑，把它挂在徐国国君墓地边的树上才离开。随从人员就纳闷了，问道："国君已死，宝剑留下还有什么用呢？"季札道："话不能这么说，刚开始我就想把宝剑赠给他，可是我还要佩带这把宝剑完成出使任务，就只好装糊涂，但是在我心中已经把此剑许给他了，怎能因为他已死就改变初衷了呢？"这就是季札的君子品行。现在有些人对活着的人尚且欺瞒使诈，又怎会对死去的人讲什么仁义道德呢？

吴王僚登基时，吴楚之间战事频繁。吴楚两国相邻，常因利益冲突而互相指责，所以彼此之间摩擦不断。那时带领吴军出征的将领叫公子光。这个人是谁呢？他是老大诸樊的儿子，吴王僚是老三馀眛的儿子，二人是堂兄弟。吴王僚的继位让公子光心怀不满，他说："我们父辈有兄弟四人，按照爷爷的遗嘱，王位应该传给四叔季札，可四叔不肯执掌国政，那我们这代也应按照传统从头排列。我父亲是老大，应该立我为王，这样才符合我们吴国的传统。"所以他暗中招贤纳士，想刺杀吴王僚。

第三章　伍子胥绝处逢生　兄与弟相煎何急

这时吴国来了一个鼎鼎大名的人物,叫伍子胥。他是吴国的敌国楚国的人,怎么跑到吴国来了呢?

当时在长江以南,自西向东有楚、吴、越这么几个大国,吴楚相邻,战争不断。当时楚国当政的叫楚平王。此人品行不端,伍子胥之所以逃到吴国要拜此人所赐。那么这段公案究竟是怎么回事呢?

原来楚平王的太子建已到了法定结婚年龄,应该谈婚论嫁了,楚平王就派一个叫费无忌的人到秦国去求婚。费无忌是太子建的少傅,伍子胥的父亲伍奢是太子建的太傅,两人共同辅佐太子建。费无忌到了秦国以后,顺利地给太子建带回一个漂亮媳妇。可不怕没好事,就怕没好人。费无忌一味讨好楚平王,就对楚平王说,此女天姿国色,举世无双,莫不如大王收入囊中,据为己有,为太子建再娶别人。

于是,儿媳妇上了老公公的床,身份提高了一个辈分,而未婚夫则成了名义上的儿子。这真是荒唐!楚平王和唐玄宗倒有一拼,杨贵妃本

第三章　伍子胥绝处逢生　兄与弟相煎何急

◎太子建的核心人际关系（家庭关系挺窝心）

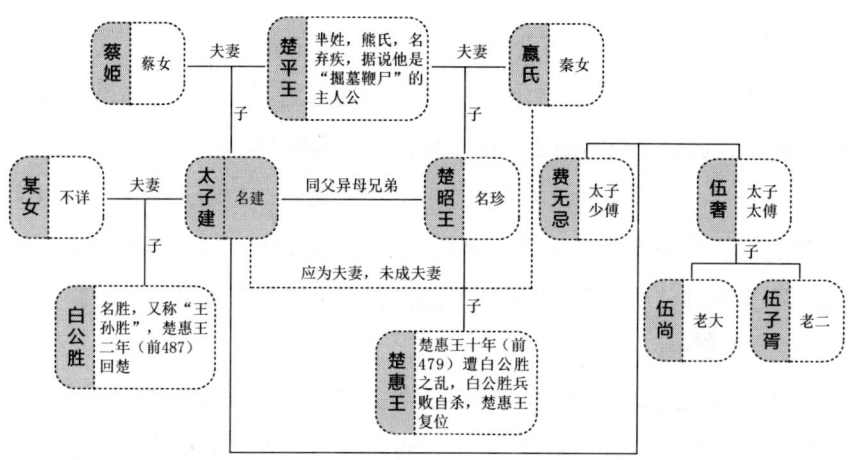

来也是唐玄宗的儿媳妇。

太子建是储君，将来王位的继承人，费无忌是其老师，他为什么要这么做呢？原来费无忌道德败坏，太子建一直不喜欢他，对伍奢倒是尊崇备至。费无忌气急败坏，想出这个昏着来向楚平王邀宠。太子建的生母色衰爱弛，由母及子，楚平王早已疏远太子建。费无忌有恃无恐，进一步诋毁太子建，说太子建因为爱妻被夺，心怀怨望，楚平王就想杀死太子建。太子建事先得到消息，逃到了国外。

俗话说，城门失火，殃及池鱼。太子太傅伍奢受到牵连，被投进了监狱。费无忌建议楚平王杀了伍奢，但忌惮伍奢两个儿子：长子伍尚，次子伍子胥。他就对伍奢说："若是你把两个儿子召回都城，我们就放了你，否则你必死无疑。"伍奢当时就说："伍尚为人，廉直好义，慈孝仁爱，听说回来可以赦免我的死罪，一定义无反顾，不会顾念个人生死；可伍子胥多智好谋，英勇无敌，知道回来是送死，一定不来，然而

015

他日后必定会让楚王寝食难安。"

事情的发展果然如伍奢所料：伍尚明知是死，也回来与父亲共患难，结果二人被杀；伍子胥则历尽千辛万苦逃到了吴国，想借助吴国的力量复仇，此事详见本册之《伍子胥传（故事篇）》。

那个自以为损人利己的费无忌在楚平王去世、楚昭王继位以后由于民愤过大，被楚国令尹子常（囊瓦）杀掉以取悦民心。一般来说，"损人"很少能够"利己"，大多情况是自吞苦果、搬石头砸自己的脚。费无忌就是一个例子。

伍子胥刚到吴国的时候，曾经多次劝说吴王僚攻打楚国，并列出了各种益处，公子光却反对道："伍子胥是想借他人之酒杯浇自己心中之块垒。他因为父亲被杀，所以要假借吴国之手来报私仇，伐楚并不见得有什么利益。"

后来，伍子胥觉察出公子光有篡位的想法，于是就投入公子光的怀抱，成为他的宾客。一个想夺位，一个想助他一臂之力，转而用这份功劳为实施自己的复仇计划铺路，两人一拍即合。伍子胥给公子光推荐了一个勇士叫专诸。此人虎背熊腰，气质独特，能摄人魂魄。公子光心中大喜，把伍子胥引为知己。二人一番密谈，商定了行刺计划的各个细节，伍子胥就退隐到郊外去耕作，等待专诸的行动。

吴王僚十二年的冬天，杀害伍子胥父亲的楚平王去世了。第二年春天，吴王僚想趁楚国办丧事的时候攻击它，就派自己的两个弟弟盖馀和烛庸带兵伐楚。他四叔季札在他正式继位之后已经返回。这时，季札又被派到国外，考察其他诸侯国的舆论导向去了。可是吴军出师不利，并且因为孤军深入，没有后援，被楚军截断了归路，进退不得，这为公子光提供了起事的契机。

第三章　伍子胥绝处逢生　兄与弟相煎何急

公子光感叹道："机不可失，时不再来。"他告诉专诸："这时不动手，尚待何时？我是真正的王储，应该继位。我想趁机夺取王位，即使四叔季札回国，也一定无话可说。"专诸说："吴王合该命绝。他国内只有老母幼子。两公子率兵攻楚，可是已被切断退路。现在吴国外被楚军围困，内无忠诚正直的臣子，吴王孤立无援，只有引颈待戮（lù）的份儿了。"公子光说："你不要有后顾之忧，你我一体，生死与共。"于是公子光把一切都料理妥当，在地下室里埋伏下敢死队，邀请吴王僚到他家赴宴，摆下了春秋时期的"鸿门宴"。

吴王僚一直怕人行刺，每次出行都要带着大量的保镖，这次虽然是到堂兄弟家做客，也不敢掉以轻心。从王宫到公子光的家里，大街、外门、台阶、内门和座位旁边都布满了亲兵，人人都手持短刃严阵以待。公子光心怀鬼胎，虚与委蛇。吴王僚倒是大大咧咧，有恃无恐。二人推杯换盏，饮至半酣，公子光看时机差不多了，就推说脚疼，退入后堂，到了地下室，让专诸端着内藏利刃的熟鱼去进献。

鱼端上来后，专诸趁吴王僚不备，迅速抽出匕首刺杀他。所有的人都错愕不已，等到反应过来，吴王僚已血流当场，气绝身亡。醒过神儿来的亲兵把专诸砍成肉酱。这时，公子光带领他的党徒出来收拾残局，抵抗的格杀勿论。其他人见大势已去，都放弃了抵抗，顺应了形势。公子光趁机自立为王，历史上称为"吴王阖庐"。

阖庐把专诸的儿子拜为卿，并料理了专诸的后事。

◎ **专诸牌手抓鱼的做法**

　　准备原料：鲜鱼一条（鱼一定要大）、匕首一把（这是最主要的配料），其他配料不详。

> 处理鲜鱼：将鱼去内脏、鱼鳃，保留鱼鳍、鱼尾；在鱼身两面各切一些斜刀口，一定要保证鱼外观的完整性；然后尽量将鱼身上的水吸干。
>
> 正式做鱼：先放入其他配料，再放入鲜鱼，香煎至两面微微金黄（动手一定要轻，不能破坏鱼的完整性）。
>
> 技术要点：味道一定要鲜美，鱼只要一上桌，就能让所有人的鼻子都变得愉悦起来。
>
> 装盘准备：这是重中之重。要把匕首完整地藏在鱼腹中，从外面还看不到一丝痕迹，这得看手艺了。
>
> 上桌准备：把鱼搁置一下，让热度降低，抓匕首时鱼不能烫手。
>
> 待客之道：专诸趁人不备，一把抽出鱼腹中的匕首，给吴王僚致命一击。
>
> 广而告之：动作危险，请勿模仿。

阖庐的四叔季札回到了吴国，有人"采访"他，让他谈一下对此事的看法。他说："如果先王的祭祀不被废绝，人民不至于没有君主，江山社稷的保护神能得到供奉，那在王位者就是我的君王了，我还敢责怪谁呢？只能对死者表示哀悼、对胜者表示敬服，听从天命的安排罢了。祸乱并非因我而起，谁立为君王我就听从谁的，顺天应人，这是祖宗的遗训。"这时季札根本无力与阖庐抗衡，只能明哲保身。他到吴王僚的墓前报告了出使的情况，并哭祭一番，然后回到自己的职位上等待吴王阖庐的最新指示。

吴王僚的两个弟弟盖馀、烛庸一直被困在楚国，听说公子光杀死了自己的兄长自立为王后，他们就投降了楚国，被封在舒邑。

第四章　伍子胥鞭尸三百　吴阖庐阴沟翻船

吴王阖庐登基以后，提拔伍子胥，让他参与谋划国家大事。这时楚王杀掉了贤臣伯州犁，伯州犁的孙子伯嚭（pǐ）逃到了吴国，被任命为大夫。再后来，《孙子兵法》的著者孙武也来到吴国辅佐阖庐。因为有这几个人的辅佐，吴国实力渐渐增强了。

三年后，阖庐和伍子胥、伯嚭率兵攻打楚国，攻破了舒邑，杀死了吴王僚的那两个投降楚国的弟弟盖馀和烛庸，基本上铲除了吴王僚的根系。阖庐想趁机攻占楚国的首都郢（yīng），将军孙武说："连年用兵，百姓疲惫不堪，这事不能操之过急，再等待好时机吧。"

吴王阖庐九年，阖庐问伍子胥和孙武道："以前我想攻打楚国，你们说时机未到，如今能伐楚了吗？"二人对道："楚将子常贪婪好利，恃强凌弱，唐国和蔡国的人都非常怨恨他。君王若真想大举讨伐楚国，必须得到唐国、蔡国的援助才行。"阖庐采纳了他们的建议，调动全国的精锐部队，联合唐国、蔡国的军队一起向西攻击楚国。

楚国发兵抵抗，两军隔汉水列阵。阖庐的弟弟夫概想先发制人、主动攻击，阖庐不同意，认为过于冒险。夫概说："君王已把军队的指挥权交给我，两军相争，以争取胜利为最高准则，还一味等什么？"于是他率领部下五千人突袭楚军。楚军被打得措手不及，仓皇逃命。阖庐也指挥大军压上，一直攻打到楚国都城。

交战五次，楚军都以失败告终，楚昭王于是逃离都城。吴军开入城内，伍子胥挖出楚平王的尸体，用鞭子抽打三百下，以报杀父之仇。

吴国的军队在楚国耀武扬威，就像孔雀开屏一样，只顾前方的炫耀，而后方的弱点暴露无遗。与吴国相邻的越国趁吴军倾巢远征、国内空虚之际，派兵偷袭吴国。吴王阖庐被迫另派军队还击越军。这时，楚国从秦国搬来了救兵，帮楚军攻击吴军，吴军大败。阖庐的弟弟夫概见秦越的军队接连击败吴军，而吴王仍留在楚国不走，就潜回吴国自立为王。阖庐听到这个消息后再也坐不住了，就率军回国攻打夫概。夫概战败后逃到楚国。这时，那个被赶走的楚昭王又回到了都城。他把堂谿（xī。堂谿在今河南西平西）分封给夫概，夫概被称为"堂谿氏"。吴楚之战就此告一段落。

吴王阖庐先胜后败，与他的得意忘形脱不开干系。孙武早就看到了吴王阖庐成功光环下掩藏的失败因素，多次劝谏都没有起到作用，后来就隐居起来，应该是专心致志地继续完善自己那本震古烁今的《孙子兵法》去了。在临走之前，他邀请老友伍子胥和他一起去云游四海，可惜伍子胥热衷于功名，没有接受孙武的邀请，最后成了千古冤案的主人公。这是后话。

乘人之危攻击吴国的是越王允常，他是历史上以卧薪尝胆、忍辱负重而扬名天下的越王勾践的父亲。越国的始祖，是尧舜禹中禹的后代，

第四章　伍子胥鞭尸三百　吴阖庐阴沟翻船

被封在会（kuài）稽以供奉禹的祭祀。他和族人在身体上刺上花纹，剪短头发，开辟荒野，建立城邑，繁衍生息，经过了二十多代传到了越王允常。在国家关系上，历来都是"远交近攻"，吴越两国接壤，经常发生冲突，结下了仇怨。这次，越王允常在吴楚大战、吴国后方不稳之时乘虚而入。本来吴楚是世仇，两国经常因为一点小事就打得难分难解，现在越国也加入战斗，使吴国被夹在中间。吴国不可能两条战线作战，尽管在这次吴楚大战之后吴王阖庐派儿子夫差把楚国打得挺惨，但从整体上来说，吴国的战略重心放在了越国这个新兴势力上，两国争战，互有胜负。

吴王阖庐十九年夏天，阖庐听说越王允常去世，其子勾践继位，就想趁新君立足未稳之时攻击它，于是派兵讨伐越国。越王勾践率领士卒迎敌。勾践采用心理战先声夺人，派出敢死队挑战。敢死队排成三行冲向吴军，高声呼喊，自刎而死。吴军争看敢死队自杀的壮举，越军趁着这种心理震慑力攻击吴军，在姑苏打败他们，并击伤了吴王阖庐的脚趾。吴军败退七里才站稳脚跟。

吴王阖庐可能是因为破伤风而死。弥留之际，他派使者立太子夫差为王，并转告他说："你会忘记你父亲是被勾践杀死的吗？"夫差回道："父仇不共戴天，儿臣时刻不忘。"就这样，征战半生、不可一世的吴王阖庐败在一个后生小子的"心理战"下。

第五章　越战败退守会稽　欲求和别作良图

吴王夫差元年，夫差派伯嚭训练军队，念念不忘要向越国复仇。勾践听说夫差日夜操练人马，试图为父报仇，就想先发制人，主动攻击。范蠡劝谏道："不行。名不正则言不顺，言不顺则事不成。虽然吴越两国有历史积怨，但是我们这次若轻易开启战端，实属无理挑衅。师出无名必然导致失道寡助，上天也不会保佑您。况且，战争是关乎国家荣辱存亡的凶险之事，不可不三思而后行。倘若您头脑发热、一意孤行，我预测到的结果就是惹火上身、自饮苦酒。"勾践不听，说："我意已决。"

于是，勾践发兵攻击吴国。吴国早就做好了准备，立即发动全部精兵迎击越军，开展"对越自卫反击战"，打得勾践一败涂地。勾践只带着五千残兵败将，退守在会稽山上。吴军乘胜追击，包围了勾践。

会稽山，古山名，在今浙江境内，为仙霞岭向北延伸的支脉之一。勾践退守的会稽山应该仅指绍兴东南和南部诸山。

第五章 越战败退守会稽 欲求和别作良图

勾践这才佩服范蠡有先见之明，但后悔没用了，只好摆出一副苦瓜相，对范蠡说："由于没听先生的话才落到这个地步，你看现在该怎样摆脱困境呢？"范蠡道："谦虚谨慎、进退自如，必然占尽天时；节衣缩食、物尽其用，必然占尽地利；网罗英才、以民为本，必然占尽人和。只要大王幡然悔悟、痛改前非，一切都可以从头再来。至于说要摆脱目前的困局，唯一的好办法就是低声下气地求和，再以厚礼相送，让吴王网开一面。他如果不答应，就退而求其次，大王亲自当人质，抵押给吴王，小心地侍奉他，到时巧妙周旋，再想脱身之计。"勾践说："好。"于是勾践派文种到吴王那里求和。

文种和范蠡是越王勾践的左膀右臂，越王勾践最后得以一雪前耻都是二人的功劳，而吴王夫差的左膀右臂是伯嚭和伍子胥。

伍子胥忠肝义胆，有勇有谋，但他说话办事不太讲方法，即使好话也难有好腔调，所以他的好心总被吴王夫差当成驴肝肺。伍子胥是吴王阖庐的老臣，帮助吴王阖庐富国强兵，功勋显赫，吴王夫差对他是既畏惧又讨厌。

而伯嚭是另外一种人。他贪财好色，工于心计，嫉贤妒能，虽然和伍子胥同殿称臣，但志趣不合。也就是说，二人人生观、价值观不同，根本就不是同路人。夫差喜欢听顺耳的话，伯嚭就投其所好，阿谀奉承，所以夫差更喜欢伯嚭。

投其所好基本成了奸佞小人为所欲为的不二法宝。赵高对秦二世、李林甫对唐玄宗、高俅对宋徽宗、严嵩对明嘉靖帝、和珅对清乾隆帝基本上都是应用了这个法宝。

文种见吴王夫差时跪地前行，磕头说："亡国臣子勾践敬畏大王的天威，派陪臣文种向大王请降：勾践请求做您的臣仆，他的妻子愿做您的侍妾，心甘情愿地侍奉您。"夫差吃软不吃硬，看对方如此低声下气，就动了恻隐之心，想答应。伍子胥赶忙进言："如今勾践穷途末路，这是老天要把越国赐给大王，千万不要答应他。"夫差采纳了伍子胥的意见，文种无功而返。

当文种把出使结果告诉越王勾践时，勾践就想先杀死老婆孩子，以免有后顾之忧，再决一死战，来个玉石俱焚。这时的勾践还不能忍辱负重，缺少大气量。

文种制止勾践道："事情未到最后关头不可轻言放弃，自杀是懦夫自暴自弃的表现。我听说吴王的太宰伯嚭贪婪成性。猫儿没有不吃腥的，只要用利益引诱就行，他的眼里可没有国家大计。"于是文种挑选了八名绝色美女，再加上黄金珠玉无数，趁夜求见伯嚭。

第六章　贿伯嚭投其所好　吴夫差养虎遗患

伯嚭本来是不想见文种的,可一听说他带礼物来了,马上就眉开眼笑,如果不是有耳根挡着,嘴角能咧到后脑勺上去。

被人叫了进去后,文种跪地致辞道:"寡君勾践,午幼无知,不识大体,以致获罪。如今寡君追悔莫及,想举国而降,可吴王不肯答应。我们知道如今太宰您功德巍巍,在外是吴国的中流砥柱,在内是吴王的心腹之臣,所以寡君派微臣求见您,希望您多多美言几句,让吴王回心转意,接受我们的请降书。如今初次见面,带些小礼物,不成敬意。若是太宰能玉成此事,以后的供奉必会源源不断。"文种把礼单呈上。伯嚭扫了一眼,心花怒放,可仍然紧绷着脸。这种丑态文种见多了,知道有戏。伯嚭咳嗽一声,装腔作势地说道:"越国朝不保夕,马上就要全军覆没了,那时整个国家都要归我国所有。你们今天只用这蝇头小利就想办此大事,真是聪明绝顶啊!"文种说道:"越兵虽败,但还占据着会稽山,并且保有五千敢死精兵,尚能一战;若是再次失败,也会摧毁一切不能搬走的战略资源，然后携带重宝细软远走他乡，再接再厉，徐图报复，怎么能让吴国坐享其成呢？即使吴军大获全胜，大部分战利品也都要输入吴王王宫，太宰和有功之士不过略微得些残羹冷炙罢了。您若促成吴越和解，越王就不是委身侍奉吴王，而是唯太宰您马首是瞻，春秋贡献，未入吴王王宫，先入太宰府门，太宰您独享越国的贡献，而其他众将则只能望洋兴叹，对太宰您是有百利而无一害的。若是非要对越王斩尽杀绝，那我们只能困兽犹斗、背水一战了，即使不能绝处逢生，也要拼个鱼死网破，而且战场上风云变幻，谁胜谁败还不能过早断言，希望太宰大人明察。"

这一番话软硬兼施，更多的是投其所好，满足伯嚭贪得无厌的胃口。伯嚭听后喜得抓耳挠腮，知道自己以后吃用不尽了，就站起身来对文种善言抚慰道："先生不怕我趁危害人，孤身见我，足见你胸襟坦荡。我并非看在这些小礼物的分上，而是全看在先生待人真诚、智勇双全的分上。明天我会再次引你去见吴王，尽力使吴越两国化干戈为玉帛。"所有因私废公的蠹虫，都能编织出冠冕堂皇的理由来掩饰自己难遏的贪欲。

俗话说，"有钱能使鬼推磨"。受到金钱美女的滋润，伯嚭容光焕发。他第二天一早就去觐（jìn）见吴王夫差，备述越王勾践派文种请降之意。夫差说："我这几天详细考虑了，我与越王有不共戴天之仇，怎能轻易接纳他们的降书？"伯嚭道："大王您不记得孙子曾说过的话吗？兵者，国之大事，死生之地，可暂用而不可久恃。越王虽然得罪了大王，但是现在他已经得到应有的报应了。他愿意成为大王的臣仆，他妻子要做大王的臣妾，他还要尽献越国的宝器珍玩，所乞求的不过是保存祖先的祭祀罢了。接受越王的投降，可尽得越国之利；赦免他的罪

第六章 贿伯嚭投其所好 吴夫差养虎遗患

过,可显出大王的宽仁爱物,如此名实俱收,大王就可拥有霸主之资了。若是大王非要斩尽杀绝,勾践必然会焚宗庙杀妻子,把宝物沉江,率死士五千与大王决一死战,到时候即使我们胜利了,也会大伤元气,这就得不偿失了,万望大王明察。"

夫差被说动了,召文种进来。文种膝行而前,态度更加谦卑,又把越王的话复述了一遍。夫差问:"越王请求做臣仆,那他能到吴国跟随寡人吗?"文种回答道:"既然为臣仆,死生已置之度外。越王感念大王好生之德,唯有竭尽全力陪侍在大王左右,方能报答大王大恩大德的万分之一。"伯嚭帮腔道:"越王夫妇若是愿意来吴国,生死就已操控在大王手里。我们名义上赦免了他,但实际上已把越国收入囊中。大王名利双收,还有什么不满足的呢?"于是,夫差就想答应文种。

这时,半路杀出个程咬金。伍子胥听说夫差想要赦免勾践,就大步流星地赶来,反驳道:"从古至今的历史证明,斩草不除根,必定春风吹又生。吴越两国,势不两立,若吴不灭越,越必灭吴,这是其一。我们若是与秦晋等国土不接壤的国家争利,即使攻而胜之,得其土地也不能永久拥有,可能落得个劳师远征,空耗钱粮,而攻越则不同,其地可居,其舟可乘,可以尽得社稷之利,所以我们绝不能放弃这最后一击,这是其二。勾践是大王的杀父仇人,大王曾立誓雪耻,如果不报此仇,何以面对先王的在天之灵?这是其三。勾践这个人贤能无比,能忍辱负重、吃苦耐劳,若是让越国君臣从头再来,必然会成为我国的心腹大患,所谓养虎遗患,就是这个道理。现在不趁机灭掉他,大王必然会追悔莫及!从江山社稷的利益来衡量,从完成先王遗训的角度来思考,从越王为人能负重致远、任用贤才的情况来分析,大王千万不可放弃这灭越良机啊!"夫差语塞不能对,只能给伯嚭使眼色。文种在旁边更是十五个水桶打水七上八下,心想合同都要签了,怎么遇到这么一个丧门星来搅扰好事呢?

伯嚭更着急,因为签这个合同他有回扣。他才不管什么江山社稷,赶忙上前奏道:"相国之言差矣!其地可居、其舟可乘作为吴越两雄不俱立的论据是不充分的,秦、晋、齐、鲁四国分布在同一个纬度上(据说伯嚭的地理成绩全年级第一),气候条件相同,彼此之间地亦可居、车亦可乘,这四个国家难道也要并而为一吗?(确实,除非遇到秦始皇,否则这是不可能的事)存在的即合理的(可能当时突然与黑格尔有心理感应)。越国得以延续至今肯定有原因,我们不能仅仅因为两国相互毗邻,就一定要吞并人家,这是其一。若谈到复仇之事,您的父亲被楚平王所杀,您当时立誓要灭亡楚国、报仇雪恨,后来为什么不坚守誓言反而接受楚国的求和呢?人要审时度势,不能固执己见,不撞南墙不回头、不见棺材不落泪的做法是不明智的。越王勾践已经俯首称臣、举国投降了,我们也该退让一步,孙子说穷寇勿追,也是这个道理。若是把他们逼急了,困兽犹斗,鹿死谁手还不可知呢,这是其二。相国接受楚国投降,自行忠厚之事,收取名誉,如今却要唆使大王对越国严厉制裁,使大王承担刻薄寡恩的名声。真正的忠臣只会为君王揽过,而不会毁坏主上名誉,这是其三。请大王明鉴。"夫差大喜道:"太宰言之有理,相国暂且退下,等到有越国贡献,我自会分给你一份。"伍子胥气得面如土色,只得退出。他恨恨不已,对人说:"越王用十年积蓄力量,再加上十年的励精图治,不出二十年,吴国必会灭亡。"听的人却不相信他的话。

因为有巨额回扣,贪婪无比的伯嚭终于说服夫差签下了这个合同,并且打击了政敌伍子胥。他窃喜不已。就这样,越王勾践得到了喘息的机会,开始了艰辛而漫长的复仇称霸之路。

第七章　心志忍勾践入吴　求活命卑躬屈膝

　　关于越王勾践到吴国竭尽全力侍奉吴王夫差，最后得以回国的这段历史，《史记》中没有明确的记载，但在东汉人赵晔著的《吴越春秋》中却有详尽的记载。《四库全书总目提要》称赞赵晔的《吴越春秋》"词颇丰蔚"。赵晔别出心裁，将《左传》的编年体、《国语》的国别体、《史记》的纪传体融合起来，所记载的史料与这些典籍能够交相辉映，而且故事性很强。勾践侍奉夫差有可能是赵晔试图增加戏剧性、凸显勾践复国的悲壮而虚构出来的，里面融合了大量的民间传说。

　　《史记》中说夫差接受了勾践的降书，和他结盟后退兵，没提勾践当人质的事，范蠡与柘（zhè）稽倒是当过人质。笔者看过《吴越春秋》，参照《勾践入臣外传》《勾践归国外传》《勾践阴谋外传》的描写发现，勾践复仇这一段，《史记》与《吴越春秋》的描写基本相同，只是勾践作为人质羁留吴国并且成功归国这一段有些出入。司马迁生活在西汉，而赵晔是东汉人，肯定不是司马迁参考了赵晔的《吴越春秋》，而是赵晔参考了司马迁的《史记》及其他典籍的记载，融合了江浙一带的民间传说，有了独树一帜的创作。《隋书·经籍志》说《吴越春秋》"备遗亡"，《史记三家注》多引其文来论证《史记》。应该说，《吴越春秋》记载的史实是能够让人信服的。

这段公案就到此为止吧。笔者采取《史记》和《吴越春秋》相互照应、相互融合的写法，只是使用的语言不同罢了，其精神实质和历史事实基本保留。这样写有增强故事性的考虑。我们的目的是研究人性，不是考察史料的真伪。

◎ 文学偏爱吴越争霸的原因

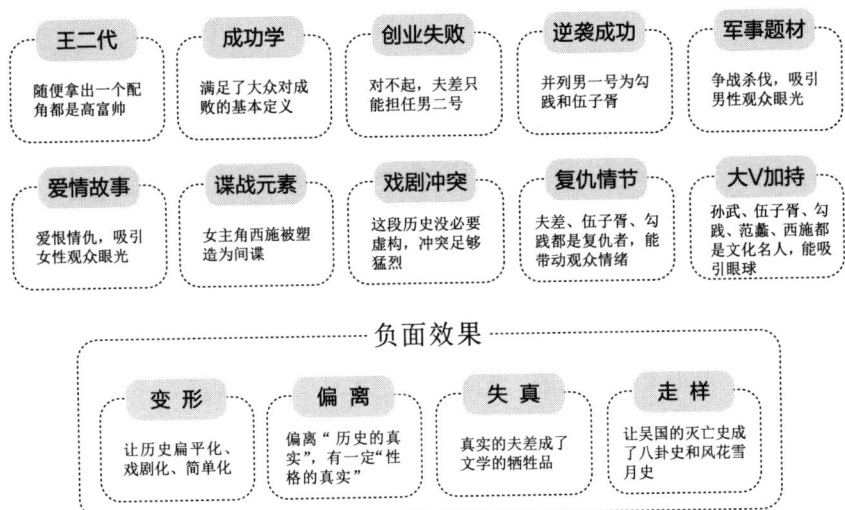

按照《吴越春秋》的记载，"勾践入吴"是这样的：夫差答应勾践的请求后，就派遣一个叫王孙雄的人跟随勾践到越国，责令勾践把国事安排一下，然后再跟随王孙雄回到吴国。

第七章　心志忐勾践入吴　求活命卑躬屈膝

勾践回到国都，看到百姓脸上都有悲凄之色。他也为自己当初的鲁莽举动而懊悔羞愧不已，见到大臣们以后，悲不自抑。他说："我继位以来，兢兢业业，不敢有丝毫懈怠，然而由于草率出兵，导致国破家亡，沦为阶下囚，想来真是惭愧。我这次到吴国恐怕凶多吉少，内心深感不安。死亡是人最畏惧的，可我不怕，我视死如归。但是，我绝不能死，为什么？因为我愧对祖先，因为我还想保留有用之身以便一雪前耻，进而成就千秋伟业以遂丈夫之志。只要有一线生机，我就会抗争到底、奋斗到底，我的精神是不屈的。"群臣莫不流泪。

文种说："古往今来的王霸事业都是在艰苦卓绝的奋斗中开拓的，所谓艰难困苦，玉汝于成。祸福相依，并能互相转化。大王今日遭逢厄运，又有谁敢断定他日不能鹏程万里呢？只要您不自甘堕落，抓住吴王心慈手软的性格特征得以保全一线生机，艰苦奋斗，定会转危为安，因祸得福。"勾践若有所思，缓缓点头。

范蠡也进言道："我听说，居不幽者志不广，形不愁者思不远。古代圣贤，全都有过困顿之时。生于忧患，死于安乐，这是千古不易之理，难道只有大王才遭此困顿吗？古人说，天加横逆于君子，必是加福于君子。大丈夫要有活泼泼之意境、坦荡荡之胸襟。吃一堑长一智，大丈夫的长进全在受挫受辱之时。只要咬牙励志，没有克服不了的困难。前事不忘，后事之师，只要您不再轻举妄动，学会忍辱负重，必定成功。"勾践这才一扫愁云，决定为救亡图存、光复国家大业而进行"前无古人"的艰苦奋斗（勾践在吴王夫差二年被打败，在吴王夫差二十三年复仇成功）。

然后君臣开始分配任务。勾践道："诸位既然要与我共患难，那你们都把自己的想法说出来。谁可跟随我入吴，谁可保家卫国？"文种道:"若论管理,范蠡不如我;若论外交,我不如范蠡。"范蠡深以为然,说道:"文大夫此言甚是。您可以把国事委托给他,让他发展生产、再修战备、安抚百姓。我听说主忧臣辱,主辱臣死,至于辅佐危主、忍辱含垢、使出浑身解数保证您的人身安全,最后得以完成复仇大业的事,我不敢推辞。"其他大臣也纷纷毛遂自荐,有说可以解惑释疑、不辱使命的,有说可以为人楷模、施行教化的,还有说可以冲锋陷阵、训练士卒的。他们各得其所、各司其职,组织了一个"看守内阁"。勾践这才略感安慰,收拾珍玩来到吴国。

吴王夫差看到了越王勾践的可怜相,内心得意扬扬,说道:"我若是小肚鸡肠,只顾念先君的大仇,你今日必死无疑。"勾践叩头道:"臣罪该万死,然而大王宽仁大度,胸怀四海,必能不计前嫌,宽恕小人。"夫差这种人就喜欢高高在上的感觉,闻言不禁抬头微笑。这时,伍子胥双眼喷火,进言道:"勾践为人阴险,今为釜中之鱼,命悬人手,所以才巧言令色,低眉顺眼,这是为了保全性命。如果放虎归山、纵鲸于海,他一旦得志,就再也难以控制了。希望大王痛下决心,斩草除根。"勾践吓得魂飞魄散。夫差道:"我听说杀降不祥,祸延三代。我并非对越王心慈手软,而是怕得罪上天,对江山社稷不利。"伯嚭也说:"子胥目光如豆,缺乏远见,明于一时之计,不知安邦定国之道。大王高瞻远瞩,仁义布于四海,臣下佩服至极。"这马屁拍得夫差身轻如燕,飘飘然有凌云感。伍子胥气得两腿发抖。他知道夫差肯定相信伯嚭的佞言,不会采纳自己的正确意见,便愤然退下。

伍子胥这样的人,忠肝义胆,一心为公。如果遇到的是唐太宗那样的明君,肯定会对他言听计从,他就是魏徵,他直言敢谏,而主上还能照单全收,他们君臣和谐;如果遇到的是吴王夫差这样自以为是、好大

第七章　心忐忑勾践入吴　求活命卑躬屈膝

喜功的君王，他的日子就难过了。他想为国家民族的大业鞠躬尽瘁，但不想曲意奉迎。由于最高领袖一意孤行，他又没有更好的进谏方式，往往只有四条路可以走：

其一，成了陶渊明，信奉老庄，逃离世事。

其二，成了抑郁症患者，一辈子牢骚满腹，郁郁寡欢。

其三，成了屈原，宁为玉碎，不为瓦全，自杀以明志。

其四，成了伍子胥，虽然千般不愿，但还是被迫自杀。

这么说绝对没有贬低伍子胥的意思，只是认为世界上的事是很复杂的，做事时不讲究方法是不行的。笔者只是为伍子胥惋惜，为他的个人命运惋惜，但是，求仁得仁又何怨？

勾践的命基本上保住了，但是羞辱才刚刚开始。夫差命人在其父亲吴王阖庐墓穴旁边盖了一间石室，让勾践夫妇蜗居于此，做养马劈柴等杂事。勾践夫妇整天蓬头垢面，还吃不饱。那个伯嚭倒是念在金珠宝玉的分上，偷偷地给他们夫妇食物，这样他们才能好过点儿。

夫差每次驾车出游，勾践都要在车前牵马。吴人都指指点点地说："这个人就是越王勾践。"勾践只能充耳不闻、低头疾走而已，晚上回来总不免要唉声叹气、自怨自艾一番。

在石室的前两个月，范蠡寸步不离。有一次夫差对范蠡说："我听说贞妇不嫁破亡之家，仁贤不官绝灭之国。如今勾践无道，国已将亡，先生为何不审时度势、再寻靠山？一味守株待兔，不是太愚蠢了吗？你若能改过自新，弃越归吴，寡人必当重用。去忧患而取富贵，你意下如何？"这夫差准备挖墙脚了，可范蠡对道："我听说，亡国之臣，不敢言政；败军之将，不可言勇。臣在越国时不忠不信、无德无能，不能辅佐越王与人为善，这才得罪大王，冒犯天威，如今得到大王宽恕，幸免于死，心愿已足，哪还敢奢望富贵呢？"夫差说："你既然要坚守信义，那你就回去吧。"范蠡说："谨遵君命。"这范蠡倒是一个可以倚靠的人，他和勾践夫妇整日辛勤劳作，被折磨得面容枯槁，不成人样。

　　夫差派人偷偷考察他们。考察的人回来报告说他们任劳任怨，既无怨恨之色，也无愁叹之声。夫差以为他们已经把国家大事抛到了九霄云外，警惕之心慢慢松懈下来了。

第八章　尝大便含垢忍辱　被释放猛虎归山

太宰伯嚭"花人钱财，与人消灾"，经常利用机会为勾践开脱，为他说好话。他对夫差说："勾践如今已悔过自新，而大王怀有圣王仁心，哀怜孤穷之士，已经加恩于越，如果再放他回国，越王怎能不厚报大王的恩德？希望大王早做决断。"于是夫差就想放了勾践。

伍子胥听说夫差想赦免越王，急忙进谏道："古时候夏桀（jié）囚商汤而不诛，商纣王囚周文王而不杀，天道循环，祸转为福，结果夏桀被商汤击败，商纣被周武诛灭。今大王已囚越王又要放虎归山，我真怕历史的悲剧重演哪！"夫差听了伍子胥的话，又有了杀越王的心思。他的反复无常显示其没有主见。

后来夫差派人召勾践见面，伯嚭事先透出夫差想杀他的消息，勾践忐忑不安。范蠡说："大王不要害怕，吴王囚禁您已三年了，他在三年之中都不忍心杀您，难道一日之间就能下此决心吗？他优柔寡断，您放心前去，我敢担保没事。"

勾践在吴宫门外等了三天都没得到宣召。他正纳闷，伯嚭告诉他说："吴王听信伍子胥的话，想要诛杀您，所以召您来。后来正好赶上吴王偶遇风寒卧床不起，我入宫探病，趁机说：'要想去除病祸，祈求上苍保佑，一定要积德行善。如今越王煞费苦心，竭力为大王效忠，却要被无罪诛杀，怨苦之气引起天人感应，大王这才会偶感不适。大王此时首先要保重贵体，把勾践的事暂缓，等到身体安然无恙时再做处理。'他听从了我的话。"勾践感激不尽。

勾践回到石室待了三个月，听说夫差还未康复，就让范蠡占卜吉凶。范蠡看着卦象说道："吴王不会死，他的病在己巳日当减轻，之后到壬申日就会痊愈。希望大王请示探病，若能得到召见，要趁机请求为吴王尝粪便，观察粪便的颜色，然后起身祝贺，说出病势转好的日期。若是到时应验，他必会感念大王，那时就归国有期了。"勾践垂泪说道："我虽不肖，但也曾南面为君，为何要遭受给人尝粪便这样的奇耻大辱呢？"范蠡道："当年周文王被商纣王囚禁时，其长子伯邑考被杀，并且被烹煮成肉羹，周文王为了迷惑敌人，忍着巨大的精神痛苦吃自己亲生儿子的肉。成大事者不拘小节。吴王有妇人之仁，而无丈夫之毅然决然。他已经想赦免大王了，突然出尔反尔，这正是其犹豫不决的明证。您不这样做，怎能得到他的怜悯，进而释放您呢？"

勾践下定决心，为了雪耻，要忍常人所不能忍。他对伯嚭说道："我听说，人臣之道，主疾则臣忧。如今大王抱恙不起，勾践寝食难安，想跟随太宰进宫探病，以表达我的关切之意。"伯嚭于是入见夫差，把勾践的想念之情说了一遍。夫差挺感动，把勾践叫了进来。勾践叩头说道："我听说大王身体欠安，如摧心肝，恨不得替大王受些煎熬……"勾践话没说完，夫差感觉腹胀欲便，就让他出去。勾

第八章 尝大便含垢忍辱 被释放猛虎归山

践说:"我以前与医师朝夕相处,颇懂些医术,观人粪便,就能对病情略知一二。"

等到夫差方便完毕,勾践揭开马桶盖,手取其粪,跪而尝之,左右皆掩鼻作呕。勾践叩首道:"恭喜大王,您的病在近日便会出现转机,到了壬申日就会痊愈。"夫差问:"你凭什么这么讲?"勾践回道:"医师教导我:粪便有五谷的味道,顺应时气则生,违逆时气则死。我尝了大王的粪便,味苦且酸,正应了春夏之际万物复苏的气味,所以我才知道。"夫差大悦道:"仁哉勾践!臣子侍奉君父,谁肯尝粪便来判断疾病呢?太宰你能吗?"伯嚭摇头道:"臣甚爱大王,可以为别的事情抛头颅洒热血,但是这件事我确实做不来。"夫差说:"不但太宰不能,就是我的儿子也做不到啊!"于是夫差让勾践回到石室,说等他病好之后,就让勾践回国。

俗话说"病来如山倒,病去如抽丝"。得病本是日复一日的积累所致,治病更非一朝一夕之功。世界上的事有时就是凑巧,夫差已吃了那么多的药,应该每天都有好转,量的积累形成质的飞跃,果然没几天病就好了。他感念勾践的"忠心",就设宴款待他。

勾践假装不知道这事,仍然穿着囚服来了。夫差让他沐浴更衣落座,说:"越王是仁德之人,怎能长久受辱?今天我以客礼相待,择日放你回国。"吴国大臣也纷纷落座。伍子胥见夫差对敌人如此宽容,心中含怒,便拂袖而去。伯嚭说道:"大王以仁者之心,赦仁者之过,有惺惺相惜之意。今日仁者聚会,不仁者最好离开。相国伍子胥刚勇少恩,不知仁德为何物,难道他是有自知之明,深感惭愧才逃席而去的吗?"他的话说得众人大笑不已。

当日众人尽欢而散,夫差答应勾践三日后为他送行。

037

伍子胥哪肯善罢甘休。他第二天见夫差，说："昨日大王以客礼招待先王的仇人，这是为什么呢？勾践内怀虎狼之心，外饰温恭之貌，大王爱须臾之谀，不虑后日之患，抛弃忠直之士而听信谗言，沉溺于小仁小义而养虎遗患，就好比把毛发置于正燃烧的炉炭上面，却祈求它不要被烧焦，把鸡蛋放置在千斤重压之下，却希望它不要破碎，这怎么可能呢？"夫差勃然作色说："我卧床三个月，相国没有只语片言的安慰，这说明相国没有忠心；没有任何药方进献，这说明相国不讲仁义。为人臣不仁不义，要他何用？！越王抛家弃子，不远千里来侍奉我，献其财货，身为奴婢，是其忠；我有疾病，亲自尝粪，毫无怨恨之心，是其仁。我若听从相国之言，以怨报德，诛杀此等忠义之士，皇天必会降罪于我。"伍子胥说："大王这话说差了。猛虎呈蹲伏之状，是要进行攻击；苍鹰双翼收拢，是要振翅高飞。越王城府极深，虽然表面上俯首帖耳、言辞恭顺，但他若把怨恨之意深埋心底，大王又怎能得知？将欲取之，必先予之，他心甘情愿尝大王粪便，实际上是攻心的策略，想要博得大王欢心，他好趁机逃脱。大王若不审察其中的奸谋，吴国必受其害。"可夫差心意已决，不听。伍子胥知道不可再劝，只好郁郁而退。

到了第三天，夫差亲自摆酒送勾践出城。夫差说："我今天赦君归国，君当感念我的恩德，不要对以前的过节念念不忘。"勾践忙道："大王哀怜我孤穷无助，让我生还故国，能够落叶归根，得以老死家乡，我已感恩不尽了。我要告诫后代子孙，与吴国生生世世永结盟好。我有生之年必然竭力报效您。苍天为证，若有违此誓，皇天不佑。"夫差哈哈大笑道："君子一言，驷马难追。我看你的实际行动，你努力吧！"勾践又跪拜于地，泪流满面，做出依依不舍的情状。夫差亲自扶勾践上车，范蠡和勾践夫人也一同离去。

第八章　尝大便含垢忍辱　被释放猛虎归山

勾践如出笼之鸟，恨不得背生双翼，早日离开这不堪回首的屈辱之地。离开吴国进入越国，只见山川重秀，天地再清，勾践顿感心旷神怡，感慨道："我以为要永辞万民，死在异地他乡了，怎想到我还能重获新生呢！"他与夫人相向而泣，左右也感动得泪流满面。

文种听说勾践将回，便率领文武百官、全城百姓夹道欢迎，一时欢声雷动。

于是，这个中国历史上最为知名的"忍辱负重专家"开启了自己复仇雪耻的征程。

第九章　立长志精卫填海　下决心十年生聚

勾践终于返回国内了。

从挣脱牢笼的喜悦中清醒过来后,他又陷入一个无法逃遁、漫无边际的牢笼,那里有迫在眉睫的现实问题和完全不可预知的未来。他想撕心裂肺地喊,喊破这让人压抑的苍穹。他想痛哭流涕,但是他没有软弱的资格。想要复仇成功,究竟需要经历多少个不眠之夜?他不知道。如果今生再无指望,他该如何面对备受屈辱的灵魂?他也不知道。他只知道,不论是一年,十年,还是二十年,只要还有一口气在,他就要朝着目标前进。有追随者,就一起努力。如果只剩他一个人,也义无反顾。没有马,就跑,跑不动,就走,走不了,就爬,宁可死在冲锋的路上,也绝不回头。是的,男儿到死心如铁,他绝不回头。

他登上会稽山,俯视着苍茫的大地,越国就在自己的脚下。它南到诸暨,北到嘉兴,东到宁波鄞(yín)州,西到衢州,方圆仅百里,疆域已大幅度缩小。它不是一个大国,实在无法与秦、晋、齐、楚相提并

第九章　立长志精卫填海　下决心十年生聚

论，相较于吴国，它的体量也小之又小。自从三年前经历那次惨败，国力遭受重创以来，它就一蹶不振。究竟该如何让它变得强大？小而强，依然可以无敌于天下，一个小石头就可以打破一口水缸。但是，究竟靠什么，才能把它凝聚成无坚不摧的石头？靠强制手段？绝对不行。靠欺骗手段？也绝对不行。只有靠君王的意志力、坚定的决心和以身作则的示范。

勾践曾经听吴国的孙武说过一句话，当时他年轻气盛，不能领会其奥妙，如今经历一番生死考验，他学会了深度思考。"主孰有道，将孰有能，天地孰得，法令孰行，兵众孰强，士卒孰练，赏罚孰明，吾以此知胜负矣。"哪一方的君主是有道明君？如果我以前不是，那我以后一定是。哪一方的将领更有能力？文种和范蠡都是文武双全、一等一的人才。哪一方占有天时地利？我的天时就是我认识到了自己的错误和使命，我一定比吴王更能占据天时。至于说，发挥地利优势、制定法令、教育百姓、训练士卒、公平赏罚，那就是我接下来要全力做的事情。孙武是靠这些来评判胜负的，我现在虽然处在劣势，但是只要我能做好这几条，就一定可以转败为胜。努力吧，勾践！伍子胥警告吴王，说我十年生聚，十年教训，二十年之后会荡平吴国，好吧，这，就是我接下来要执行的国策。从今以后，越国没有君主，我也要承担劳作；越国没有"第一夫人"，她也要亲自织布。我要发布一个个强国政策，而我就是第一个执行人。

越王勾践制定了二十年"生聚教训"的基本国策，要用整整一代人的努力，打造一把无坚不摧的利剑，剑锋直指吴国。他"食不重味，衣不重彩"，"非其身之所种则不食，非其夫人之所织则不衣"，只吃自己种的食材，只穿自己夫人织布做的衣服，对于个人消费的限制已经到了极其严苛的程度,勤于政事,"未尝一日登玩"。他已经没有了个人娱乐,充盈于胸间的只有坚忍不拔的雄心壮志。他节省一切不必要的开支,把一切好钢都用在刀刃上,努力生产,增强国力。

如果他只是如此严格地要求自己,那他还是一个失败的领导者,他要激发的是全国百姓的斗志。于是,他在"生、聚、教、训"四个方面进行了全面改革。

◎越国二十年发展规划纲要

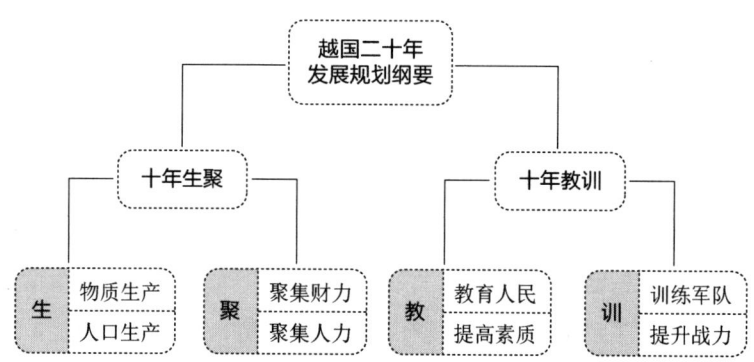

生者,生产也,包括物质生产和人口生产。对于一个寡民小国,人口是最重要的财富。想要百姓敢生孩子,就必须有充足的物质保障。于是勾践下令,十年以内越国不征收赋税,保证百姓有三年余粮。据《国语·越语上》,他还从国家政策层面,对婚嫁生育进行了赏罚上的引导:

(1)禁止壮男娶老妇为妻;

(2)禁止老男娶壮女为妻;

(3)女子十七不嫁,父母有罪;

第九章　立长志精卫填海　下决心十年生聚

（4）男子二十不娶，父母有罪；

（5）孕妇分娩之前，由国家派医生护理；

（6）生男孩，赏两壶酒，一只犬；

（7）生女孩，赏两壶酒，一头猪；

（8）生了两个孩子，国家给津贴补助；

（9）生了三个孩子，国家派乳母照顾；

（10）嫡长子死，免除三年的徭役；

（11）其他儿子死，免除三月的徭役；

（12）鳏夫、寡妇、贫病之人的遗属与孩子，由公家提供教育经费和就业机会。

这些政策的施行，对于一个残破的国家来说，会有难以承受的财政压力。但是，只要领导人有坚强的意志，这些都不难解决。

聚者，聚集财力、人力也。按照对越王勾践战略目标的理解，他在聚集财力解决百姓生活之忧的同时，优先发展的一定是军工产业。对于人才的培养，他优先培养的应该是军政人才。

关于聚集人才，《国语》《越绝书》《吴越春秋》中有比较明确的记载，当时他为了吸纳外来人才和培养本土人才，采取了积极的举措。凡是拥有一技之长的杰出人士，公家都提供住房并重新装修，提供美食美服。勾践虽然自己一切从简，但是他知道人心对美好生活的向往。提供优越的物质待遇，只为让人才心无旁骛地切磋磨砺义理，研究和探讨于国有利的方针政策。对于投奔越国的四方之士，勾践要在国家大礼堂隆重接待，给钱、给物、给房，提供工作舞台，并且给予极高的人格尊重。除此以外，他还乘坐专属游艇巡视国内，游艇上面放着米、肉、饮用水，遇到四处游学的贵族子弟，不但提供米、肉、饮用水，还询问他们的姓名，并询问他们生活起居问题和求学中的难题，因为他知道这些年轻的贵族子弟都是公卿、士大夫的继承人，有一天可能是越国的政治要人。

关于聚集财物，根据各个著作零星记载，应该偏重于冶铸、兵器制造、造船等行业。越王勾践派出去砍伐木材的人，一次就在千人以上，而这些木材，应该就是制造战船的物料。加之，从他收藏过毫曹、纯钩、巨阙等五把天下名剑来推断，越国的兵器制造业一定非常发达。

笔者曾有幸亲眼看到过举世闻名的越王勾践剑，两千多年之后，宝剑依然散发着一种摄人魂魄的寒光。

第十章　建水军协同作战　行军法十年教训

教者，教育人民也。

就像任何一个小国都是全民皆兵、所有年满十八周岁的男子都要服兵役一样，越王勾践知道，小国要想最大限度地调动兵力，必须采用"兵农合一"与常备军相结合的兵役制度，这种制度源于齐国管仲的军政思想。管仲"兵农合一"的组织形式是"以五家为一轨，十轨为一里，四里为一连，十连为一乡"。虽然历史上没有明确记载越国的军队组织形式，但应该与管仲的大同小异，因为《国语·吴语》记载，勾践在对吴国大规模出兵之前，曾经向全国发布动员令："苟任戎者，皆造于国门之外。"就是说，凡是能参战的，都到国都门外集合。这些人应该是平时务农、战时出征的。他知道，相对于训练有素、给养充足的常备军，要想增强这些农民军的战斗力，必须取得其家庭的信任和支持，否则，他们很难跨过"老婆孩子热炕头"的农民思维模式而成为勇往直前的军人。这不是单靠战前动员就可以解决的，而要系统地改造他们的思想。诚如前述，他采取了免税、免劳役和建立初级的社会福利保障体系的措施，换取了百姓对他的信任和支持。不论是勾践用了阴谋也好，还是百姓只图眼前之利也罢，总之，双方确实进入了一个相对持久的蜜月期。

就在大举进攻吴国之前，勾践再一次示恩于人。他宣布以下五种人不必参军：

一是父母年老而无人供养者；

二是兄弟四五人都在军中者；

三是视力不佳者；

四是身体孱弱无法胜任军旅生活者；

五是确实听不懂军令者。

这次示恩于人的效果很好，以至于在出兵之前，有人请战，把勾践视为父母，把他所遭受的耻辱视为自己所遭受的耻辱。不排除这是由他安排的积极分子来带动情绪，但可以看出来，在这十几年中，他没有以高高在上的君主面孔示人，而是成了"行为世范"的越国人民教师，并且取得了最佳教育效果。等到越军真正出征的时候，父母妻子在送别时，不是告诉他们的亲人"一旦看情况不好，赶紧扯呼"，而是让他们奋勇杀敌，不要当逃兵，不要让家族蒙羞。勾践看到这一幕，一定会露出欣慰的笑容。他教育人民的目标达成了。

训者，训练军队也。

如果说"生、聚、教"是刀柄和刀身，那么"训"就是刀锋。训是越国执政集团重中之重的工作任务。评估一国军队的优劣，是有许多层面、多个参数的，包括指挥者的管理水平、军人的数量、军队的素质、军械的先进程度、多兵种配合的能力，以及后勤保障的能力等。

第十章　建水军协同作战　行军法十年教训

越王勾践三年（公元前494年），越国惨败，勾践只剩五千精锐，困守会稽山。等到越王勾践十五年（公元前482年），他第一次大举进攻吴国时，"乃发习流二千人，教士四万人，君子六千人，诸御千人"，共计发兵四万九千人。不算留守军队，这出征人数就已经是十二年前的十倍了，可见越国军人的数量大幅度增长了。

军人的数量增长了，那军队的素质如何呢？身为合格的军人，除了要有坚强的体魄、不屈的意志外，还要有过硬的心理素质。越国人好勇斗狠，崇尚个人英雄主义，但是，军队的素质，不在于个人的匹夫之勇，而在于集团行动时的执行力。军人既要能遵守军纪，还要能正确理解指挥官的战略意图。无疑，勾践在这方面是下了大力气的。《吴越春秋》记载："队各自令其部，部各自令其士：归而不归，处而不处，进而不进，退而不退，左而不左，右而不右，不如令者，斩！"

勾践还说过："吾爱士也，虽吾子不能过也；及其犯诛，自吾子亦不能脱也。"我爱兵如子，爱我的儿子也不过如此，但是他如果犯了军规，就算是我的亲生儿子，也不能获得赦免。在这冷冰冰的字里行间，我们可以感受到军队最高统帅钢铁般的意志。《孙子兵法》记载："上下同欲者胜。"越国军队为此做了一个注解。

训练军队，不是一件容易的事情；要把军队的战斗力发挥到极致，更不是一件容易的事情。除了人的因素外，还要有军兵种的配合、军械的研发和后勤保障系统的建立等。勾践"乃发习流二千人，教士四万人，君子六千人，诸御千人"，从这条记录可以看出，越军主力由"习流""教士""君子""诸御"组成。对于这四类兵种，有多种解释。有人说"习流"是指流放的囚徒，这不合情理，它应该是指训练有素的水军。对"教士"的理解比较统一，它是指普通的士卒。对"君子"的认知，又出现许多不同，但是如果综合考量，"君子"应该是指越王的禁卫军，是王牌中的王牌。不同于"教士"一般出身于农民，"君子"应该出身于贵族，而且大多数人应该是受过教育的，不论忠诚度还是单兵素质和职业素养，都应该是出类拔萃的。如果越国有职业军人的话，那就应该是指这类人。同样，在考证"诸御"时又出现了重大分歧。有人认为"诸御"是指各级指挥官，但是，任何一个军队，各级指挥官都应该编入队伍中去，而不应该成为单独的战斗序列，除非官兵比例严重失调，才可能组建军官营，因此，"诸御"应该是指后勤队伍。作为一个近五万人的军队，确实是需要一个一千人的后勤队伍支持的。由此可见，越国的军队由混合兵种组成，水军、陆军、禁卫军、后勤队伍协同作战。

吴越两国位于江浙一带，水系发达，以舟为马，战船既是重要的运输工具，也是大规模的杀伤性武器，因此，吴越两国都十分重视战船的研发和生产。

据《吴越春秋》记载，越王勾践第一次大规模进攻吴国时，"烧姑胥台，徙其大舟"。当时，吴王夫差的旗舰叫"艅艎（yú huáng）"号，是行军过程中的指挥中枢，相当于将军的幕府。这个"大舟"是不是"艅艎"号或者相同级别的战船，不得而知，但能让勾践抢先下手的，一定是极其珍贵的战略物资。

伍子胥作为中国水战兵法的创始人，研发了一种叫"大翼舟"的战船，定员九十一人，相当于春秋时期的一级巡洋舰。在当时，还有一种常见战船叫"戈船"，是双方水军的标准配置。

勾践灭吴之后，越国组建了一支"死士八千人，戈船三百艘"的具有相当规模的海上舰队，可见其军工生产之一斑。

第十一章　重外交广结盟友　抓经济计然七策

之所以书写如下内容，是因为想让大家知道，仅"卧薪尝胆"不一定能成功，一切目标的达成，都需要具体而科学的管理体系。如果以为精神万能，那就大错特错矣。

其实，按照《吴越春秋·勾践入臣外传》上的记载，越王勾践的核心团队相当强大，除了文种、范蠡，还有大夫舌庸（另作"曳庸""洩庸"）、大夫皋如、大夫皓进（另作"大夫浩"）、大夫苦成、大夫诸稽郢（姓"诸稽"名"郢"，一说为柘稽）、大夫计然等。关于计然，他的名字较为复杂，《史记·货殖列传》记为"计然"，《汉书·叙传上》记为"计研"，《越绝书》记为"计倪"，《吴越春秋》记为"计砚"。

"十年生聚，十年教训"的策略得以成功，离不开越国执政集团的顶层设计。就像"初汉三杰"张良、韩信、萧何为汉朝江山的稳固进行了卓越的探索一样，勾践得以成功，离不开范蠡、文种、计然的战略构想和战术实施。

文种偏重于行政和管理，范蠡在军事和外交上卓有成就，而计然是在财政和经济上建立了功勋。《史记·货殖列传》记载："昔者越王勾践困于会稽之上，乃用范蠡、计然。"

计然，春秋时期著名谋士、经济学家，宋国葵丘濮上（今河南兰考东）人，博学广才，尤善计算。他是一个标准的驴友，广游名山大川。据说，计然游历到越国时，与范蠡相识，彼此投缘。他收范蠡为徒，留下"计然七策"，范蠡用其五而灭吴国。

在"计然七策"中有三策，现在看起来仍然很有前瞻性：

其一，按照常理推断，干旱的年头陆路交通工具畅销，发大水的时候船只走俏，但是他给出的建议是，反其道而行之，"旱则资舟，水则资车"，只有这样，才能取得竞争优势。

其二，做好市场调查，弄清市场上什么缺、什么多，就可以知道什么要贵、什么要贱了，一种东西价格到达波峰就要下跌，而跌到谷底也会出现反弹，掌握了价格变化曲线，就能做出预判。

其三，要做好宏观调控，比如在给稻米定价时，要有一个合理的价格区间，只有这样，才不会伤农，也能调动商人的积极性，同时增加财政收入。

看完这些就知道，"得人者兴"不是一句空谈。

但是，亲爱的读者，如果你以为越王勾践成事，仅仅依赖于上文的种种，那就大错特错矣。

孙武和伍子胥辅佐吴王阖庐称霸，吴王阖庐在实践中贯彻了《孙子兵法》的精髓，但是吴王夫差显然没有深刻理解它。原产于吴国，兵法精髓的种子却在越王勾践的心中长成了参天大树。《孙子兵法》被越王勾践应用得出神入化。《孙子兵法·谋攻篇》中说："故上兵伐谋，其次

第十一章　重外交广结盟友　抓经济计然七策

伐交，其次伐兵，其下攻城。攻城之法，为不得已。""越国三杰"重在"伐谋"，"生、聚、教、训"着眼于"伐兵"和"攻城"，而"伐交"也是不可或缺的制胜法宝。如果醉心于"伐兵、攻城"，就是穷兵黩武的项羽；如果没有"伐兵、攻城"之术，一味"伐谋"，就是空谈误国的刘表；如果把一切希望都放在"伐交"上，妄图借助友邦的力量苟且偷安，就会丧失独立战斗的能力。古今中外的政治或军事集团，能够获得成功，一定是四者有机统一、缺一不可的。

假设我们站在一个相对高度上，把目光再次投向春秋末期遍地烽烟的中华大地。当时，齐桓公、晋文公、秦穆公、楚庄王都已经成为江湖传说，列国没有再出现像他们那样的毫无争议的大哥级人物，最终形成了南楚、北晋、东齐、西秦四大国操控列国局势的有限均衡态势。

东齐和西秦领土没有接壤，形成不了尖锐的对立关系。西秦虽与南楚、北晋接壤，但此时秦国缺少向东扩张的实力，秦晋之好似乎还在延续，而秦楚也有政治婚姻的关联，没有撕破脸皮的必然性。只有南楚和北晋势力范围有交叉，发生了冲突。两国像战斗的公鸡，摆好了架势。

当时，吴国在楚国的中后腰部位，如果趁楚国不注意捅其一刀，那将是非常致命的。在吴王僚、吴王阖庐时代，吴楚争战不断；到了吴王夫差时代，吴楚关系依然紧张。在晋国眼里，吴国是牵制楚国的最佳战略合作伙伴，因此晋吴有合作基础。楚国一看，吴国成为自己的威胁，而吴国与越国是世仇，按照"敌人的敌人就是朋友"这个规则，越国就成了楚国拉拢的对象。在这当中，吴王夫差并没有认识到自己处境危险。越国是心腹之患，楚国虎视眈眈，晋国不太可靠，吴王夫差却把目光投向了在吴国北面的齐国，多次对齐国用兵，结果吴国就被齐、楚、越包围，陷入势单力孤、四面楚歌之境地。

吴越论剑

针对吴王夫差兵加于齐晋而怨结于楚的现状,越王勾践采用了"亲于齐,深结于晋,阴固于楚,而厚事于吴"的方针(简称"亲齐、结晋、固楚、厚吴"八字外交方针)。"亲于齐""深结于晋""阴固于楚",都是真的,只有"厚事于吴"是假的。越王勾践是怀里揣着刀子,面上却对吴王夫差露出强挤的笑容。等到子贡一出,使用纵横捭(bǎi)阖之术,存鲁、乱齐、破吴、强晋、霸越,在客观上助推了越国"伐交"策略的施行,给了吴国致命一击。

◎越王勾践胜出的原因

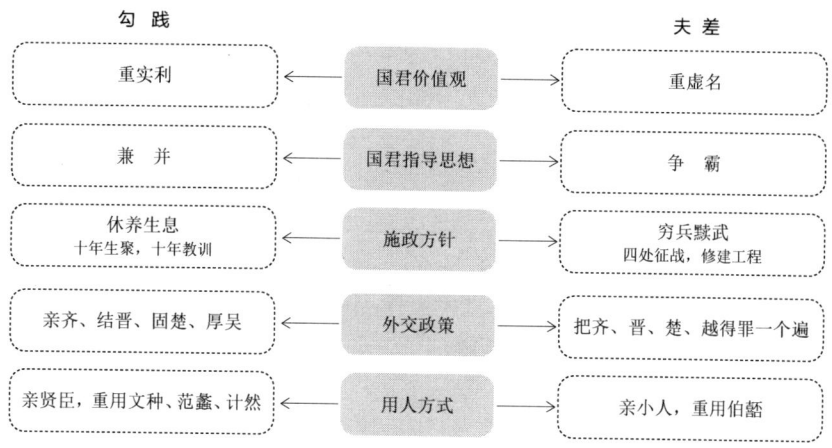

上述虽然只是梗概,但基本上是越王勾践复仇得以成功的核心原因。他之所以得遂所愿,是因为生、聚、教、训四位一体,攻城、伐兵、伐交、伐谋齐头并进。当然,遭受一番艰难困苦之后,年少继位,不知民间疾苦、生活辛酸为哪般的越王勾践,身上终于有了烟火气。是生活这个说是无情却也有情的老师,给他上了如何忍耐、奋斗的必修课,让他精神发生了蜕变,成为特殊材料做成的、为中国历史涂上浓墨

第十一章　重外交广结盟友　抓经济计然七策

重彩的一代雄君霸主。

《论语》云:"其身正,不令而行;其身不正,虽令不从。"

由于越王勾践的表率作用,整个越国被一种悲情与激情的氛围所笼罩,人人成为充满斗志的"哀兵"。

《道德经》说:"故抗兵相若,哀者胜矣。"

第十二章　攻打齐战略北进　心腹患置之不顾

　　吴王夫差这时在做什么呢？他正在做着霸主梦。他想当然地认为越国已俯首称臣，不会再对自己构成威胁，就开始向北方发展势力，拓展生存空间，想问鼎中原。他究竟基于何种依据下了这个判断，已经无从考证了。他究竟是不是一个骄傲而昏聩（kuì）的君王，是不是历史记载的那个样子，不能做脸谱化的终极判定。历史记载不可全信，也不可不信，但是从现实中依然存在大量"吴王夫差"、他的错误依然获得各种形式的复活来看，在找到直接而有力的证据推翻他的固有形象之前，对不起，他还要继续为昏聩、自满和酒色之徒代言。有一点是可以肯定的，他既然能够青史留名，既然能让越王勾践付出那么艰辛的努力才打败，他一定是个有本事的人，绝不是酒囊饭袋。但是，如果考察他的政治活动轨迹，我们就会看到，在击败越国之后，其战略重心确实发生了根本性的转移。不知道他做出这个战略调整的依据是什么。

　　现在比较肯定的是，吴王夫差不是一个残暴不仁、贪酒好色的君

第十二章 攻打齐战略北进 心腹患置之不顾

王。他应该是一个非常具有领导魅力的人,可就是这样的一个人,最终却落了个身死国灭的下场。围绕着他的失败,不仅后人争论不休,恐怕当时的人也唏嘘不已。既然失败了,就总得找一下原因,于是不同的人从不同的角度来找,给出的答案不尽相同。最后,吴王夫差被定格成一个骄奢自大、醉生梦死的形象,这要"归功"于文学的发展和小说的普及。说他这样,不冤枉他,可骄奢自大、醉生梦死不是他失败的根本原因。如果要把所有的原因和细节都讲述清楚,关于吴王夫差之败,能写出厚厚的一本专著来。如果只是简单概括,下面这几个原因,基本符合"历史的真实"。

其一,战略没有做出相应的调整。在吴王夫差时代,国与国的战争形式,已经从"争霸战争"转向了"兼并战争"。这两种战争追求的政治结果完全不一样。"争霸战争"以获得周天子和大国的承认,最终歃(shà)血为盟,召集列国参与签订战略合作伙伴协议为目标,并不以灭亡敌国为目标,相反还要"兴灭继绝",使灭绝的重新振兴起来并延续下去,树立一种道义的形象。这是符合儒家政治伦理的,比如"兴灭继绝"就出自《论语·尧曰》中的"兴灭国,继绝世"。虽然齐桓公、晋文公建立霸业也都是以军事实力为基础的,但是他们做事从来都没有赶尽杀绝,而且在"伐谋、伐交、伐兵、攻城"中,"伐兵"和"攻城"只是威慑手段,列国的争端一般还是用"伐谋"和"伐交"来解决的,强调以和为贵,用坦诚的对话来解决列国的争端。因此,齐桓公、晋文公获得了从古至今的一致赞誉。虽然我们没有得到吴王夫差的采访记录,不知道他所崇拜的人是谁,但是可以推想,只有齐桓公、晋文公那样的人,才能成为他的偶像。从这个角度来说,接受越王勾践的求和,符合吴王夫差的价值观。但是,这在当时就显得不合时宜了,不符合

"兼并战争"追求的政治结果。然而,越王勾践君臣都是具有"兼并战争"思维的人,如果给他们以机会,他们可绝不客气。最终的历史也证明了这一点。在吴国这里,伍子胥是具有"兼并战争"思维的人,他一再强调越国才是心腹之患,只有灭掉它,才是符合吴国利益最大化的战略决定。吴王夫差可以放过越国,但是应该注重谍报系统建设,把越国的一举一动都收入眼底。可是,越国咬牙切齿,积蓄力量积蓄了那么多年,他似乎一无所知,这是让人无法原谅的政治错误。"争霸"与"兼并"是吴王夫差与伍子胥最大的战略分歧。"争霸"思维使吴国对越国心慈手软,而"兼并"思维使越国对吴国下手果决。

其二,启动"北进战略"为时过早。这个问题,是上一个问题的延续。从"争霸战争"的战略出发,吴王夫差只有北进,只有在中原一决雌雄,才能获得列国的承认,因而当时中原地区的两个老牌强国,齐国与晋国,就进入了吴王夫差的战略视野。从地缘政治和现实利益角度来看,齐国并不影响吴国当区域霸主。吴国如果在离它比较近的楚、越、陈、宋等国获取利益,并不影响齐国的利益,两国很难产生直接冲突。可是吴王夫差想要成为霸主,于是就一次次地"北伐",攻打齐国,最后又与晋国发生了比较激烈的冲突,这是非常不明智的。吴晋因为需要共同面对楚国的威胁,所以是传统的盟友。在吴王寿梦时代,晋国还派出了军事顾问和外交顾问帮助吴国。可是,吴王夫差为了争霸的需要,最后竟然与晋国也撕破了脸。真是为了虚名把自己放在火上烤,四处出击,使自己成为众矢之的。"争霸战争"更看重道义上的"虚名",而"兼并战争"则更看重"实利"。越国看到了吴国外交战略的失策,于是制定了"亲齐、结晋、固楚、厚吴"八字外交方针,被吴王夫差得罪的齐、晋、楚三个大国,都是越国争取的对象。最后,吴国参与"中原争

第十二章 攻打齐战略北进 心腹患置之不顾

霸",不仅空费钱粮,造成了百姓的苦难,国家没有获得实际利益,而且最后陷入了外交孤立。当越国猛烈攻击吴国时,并没有见到有列国援助的记载。这种重大失策,不能不影响到吴王夫差的形象。

其三,司马迁用笔的轻重。通读《史记》不难看出,司马迁厌恶吴王夫差这种好战、多欲的君王。秦始皇、汉武帝都是好战、穷兵黩武、多欲、好大喜功的君王,司马迁虽然没有故意抹杀他们的优点,但是主观感情不可能不影响他的用笔着墨。他未必喜欢越王勾践,但是他对"忍辱负重、发奋有为的复仇者"有偏爱之情,因此,在写伍子胥、越王勾践、韩信时,才能够那么动情。司马迁的好恶形成的负面效应是,吴王夫差的正面和积极的一面有相当程度的弱化,而负面和消极的一面有相当程度的强化,一弱一强,就让吴王夫差的历史形象,出现了很大的偏差。据史实相对可靠的《左传·哀公十二年》记载,卫国大夫子羽和子木都说"吴方无道",即吴国正当无道之时,这恐怕代表了当时的舆论,恐怕未必冤枉了吴王夫差。

其四,各个朝代的小说家不遗余力地渲染。在吴王夫差身上有很多标签和不可思议的事情,这让很多人着迷。他从父亲手里接过的是一份非常强盛、一度称雄于天下的基业,他也为此而努力奋斗过,然而最后却落得个自刎而死的下场,几百年的基业在他接手二十三年后轰然倒塌。他与越国的争霸,先赢后输,最后一败涂地,这就非常具有传奇性和戏剧性了。让这段历史焕发光彩,还因为有孙武、伍子胥和范蠡三大文化名人的参与。想想这些元素和标签,王二代、成功学、创业失败、逆袭成功,有女主角,有戏剧性,有精彩的复仇情节,有文化名人加持,想不精彩都不行。在文学作品的渲染下,吴王夫差的形象日益定格。他虽然有军事才能,有人格魅力,有历史贡献,但也是失败的典型,是"红颜祸水论"的明证。

如果这样看历史,就会把历史看得扁平化、故事化和简单化。包括伯嚭,他也不一定是文学作品中的样子,后来越王勾践很可能没有杀他。

有关吴王夫差的"北进战略"及其得失,下面简单介绍一下史籍上的一些记载。如果想成为霸主,就必须通过"冷战"实现战略目的,而吴王夫差好像一直热衷于"热战"。这是一种南辕北辙的矛盾,有时越用力,反而离目标越远。与其如此,不如志向不要那么高远,而通过"兼并战争"获取实际利益。吴王夫差不仅霸主当得勉强,还葬送了吴国的美好前程。

《史记·吴太伯世家》中记载吴王夫差的部分,存在着一定的时间错乱,有些部分还与《史记·伍子胥列传》互相矛盾,因此本书在《史记·吴太伯世家》的基础上,参照《中国历史大事年表》(沈起炜著,上海辞书出版社),对吴王夫差的大事记进行了梳理,不做太多的辨析。

◎吴王夫差大事记

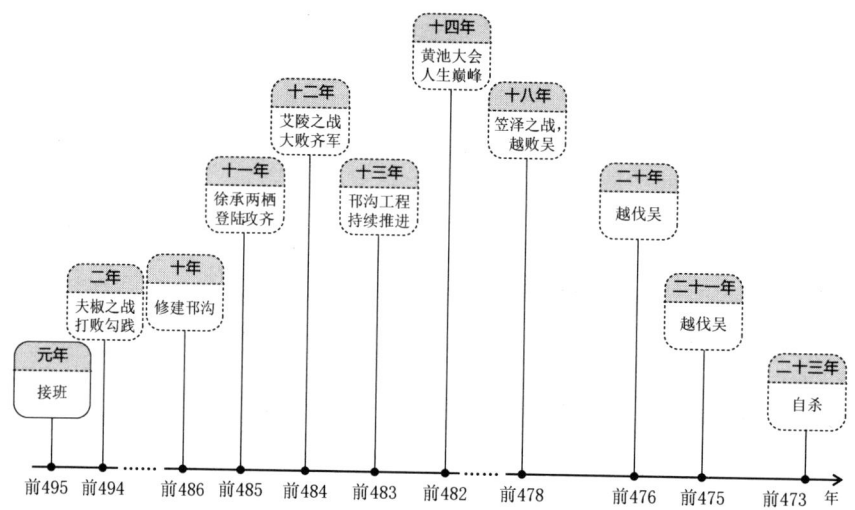

第十二章 攻打齐战略北进 心腹患置之不顾

吴王夫差二年（公元前494年），夫差打败勾践。

吴王夫差七年（公元前489年），夫差不满足蜗居于江南，想与中原大国争霸，加上齐景公去世后，新君孱弱，大臣争权，于是，他第一次发兵讨伐齐国，以新生势力挑战老牌强国，获胜。根据《左传》来看，《史记》的这一段记载极有可能是错误的。齐景公是吴王夫差六年（公元前490年）去世的，而查询其他史料，如《史记·十二诸侯年表》发现，吴王夫差七年，吴国未曾讨伐齐国。吴王夫差九年，伐鲁，可确证。

吴王夫差十年（公元前486年），吴国修建邗沟（邗，hán。邗沟在今江苏扬州附近），沟通长江和淮水。邗沟是官方记载的中国最古老的人工运河。就像秦始皇利用齐长城、燕长城、赵长城的基础修建万里长城一样，隋炀帝修建京杭大运河时，也利用了吴王夫差的成果，以至于扬州把"修建邗沟"列为"扬州十大历史事件"之首。当时，它是军事工程，应该是吴王夫差在规划时认识到，如果没有水运，对于劳师远征的吴国军队而言，从行军到运送给养，都是让人难以忍受的。从扬州到泰山，或者从扬州到临淄，最短距离也有500多公里。公元前484年，发生了艾陵之战。艾陵位于山东莱芜东南，从扬州到此地有500多公里，这对2500年前的军队来说，真就好像现代发生了一次洲际战争一样。修建邗沟，在当时看来，军事意义大于民用意义，而从大历史的视角来看，这是对中国经济和文化的巨大贡献。人总是脱离不了现实，可能在当时的人看来，修建邗沟只是吴王夫差为了实现个人野心，为军事进攻提供方便而不惜劳民伤财的昏聩之举。看历史人物和历史事件就是这样让人为难，以一年、十年、百年、千年为界限的话，所得出的结论往往是完全不同的。无论如何，修建邗沟都是对吴国国力的巨大消耗，而在短期之内看不到邗沟的修建能给吴国和百姓带来任何利益。

吴王夫差十一年（公元前 485 年），齐国臣子杀害了齐悼公，这又为夫差起兵找到了借口。似乎是为了给齐悼公讨要说法，夫差在军门外哭了三天，然后讨伐齐国。《左传》记载："徐承帅舟师，将自海入齐，齐人败之，吴师乃还。"这次，他以徐承为海军统帅，派遣大军从海路进攻，想要指挥一次两栖作战，最后失败了。虽然失败了，但是他的战略思想和战术尝试，还是很有创造性的。

吴王夫差十二年（公元前 484 年），齐国攻鲁，被鲁击败。然后，吴国、鲁国组成吴鲁联军攻击齐国，双方在山东莱芜东南的艾陵，进行了一次大会战。根据《左传》记载，在这次会战中，"中军从王，胥门巢将上军，王子姑曹将下军，展如将右军，齐国书将中军，高无㔻将上军，宗楼将下军"。吴鲁联军兵分四路，齐国是兵分三路。根据《左传》记载，"甲戌，战于艾陵，展如败高子，国子败胥门巢，王卒助之，大败齐师"，应该是胥门巢对阵国书，展如对阵高无㔻，王子姑曹对阵宗楼，而吴王夫差带领的中军成了预备队，在关键时刻，以强而有力的机动部队围歼了齐国部队。这都显示了夫差战略上的清醒判断和战术上的精当指挥，具有很高的军事指挥水平。《左传》记载的这次伐齐的结果是"获国书，公孙夏，闾丘明，陈书，东郭书，革车八百乘，甲首三千，以献于公"，齐军全军覆没。这一年，伍子胥被逼自杀。

吴王夫差十三年（公元前 483 年），夫差继续讨伐齐国。这一年，夫差又大兴土木工程，继续挖掘人工运河。按照《吴越春秋·夫差内传》的记载是"阙为阑沟于商鲁之间，北属蕲（qí），西属济"。虽然记在吴王夫差十四年，但看上下文，应该在吴王夫差十三年就加大了工程挖掘力度。《国语·吴语》有相似的记载。"阙为阑沟"，阙，掘的意思。所

第十二章 攻打齐战略北进 心腹患置之不顾

谓阑沟,应该是指一条人工挖掘的深沟无疑,按照现代的叫法,应该叫"运河"。它应该是邗沟向北延伸的部分,姑且称为"吴国第二期运河工程"。据专家考证,通过邗沟和第二次这个姑且称为"阑沟(也叫菏水、深沟)"的工程,沟通了南北水系,使得运兵北上的河路更加畅通。吴王夫差十年和十三年,两次兴建大型水利工程,对当时的吴国,是民力、财力的巨大消耗。大工程搭配着连年不断的征战,这就是亡国的"豪华配置"了。《左传》中说:"国之兴也,视民如伤,是其福也;其亡也,以民为土芥,是其祸也。"国家处于崩溃的边缘,伐齐的胜负,此时已经不重要了,因为越王勾践已经养成了势力,将要对吴王夫差大打出手了。

吴王夫差十四年(公元前482年),夫差参加黄池大会,与晋定公要一决雌雄。就在夫差志得意满、博得霸主虚名、实现了政治上的孔雀开屏之际,越王勾践"闻吴王伐齐,使范蠡、舌庸率师屯海、通江,以绝吴路"(见《吴越春秋》)。越军兵分两路,偏师由范蠡、舌庸带领,"绝吴路"。不知这个"绝吴路",是绝断吴王夫差退军之路,还是切断吴国与外界联系的水陆要道。主力则由越王勾践带领,攻击吴国都城。越王勾践带兵逼死了吴国的太子友,并且夺取了吴国的巨型战舰。

吴王夫差十八年(公元前478年),越国更加强大,再次伐吴,于笠泽之战中大败吴军。

吴王夫差二十年(公元前476年),越王勾践复伐吴。

吴王夫差二十一年(公元前475年),越王勾践继续伐吴。

吴王夫差二十三年(公元前473年),吴王夫差被逼自杀。

以上是主要记录,不是全部记录。

第十三章　露败象穷兵黩武　吴夫差本末倒置

　　第十二章介绍了吴王夫差在位23年中的主要工作经历。

　　仔细查看他的简历就会发现，他是一个能人，一个军事强人，不是一个完全昏庸无道的君主。不过，可悲的是，他赢得了大多数战斗，却输掉了战争；他取得了政治上的虚名，却把吴国带入一个万劫不复的深渊。在这23年中，他多次讨伐齐国，与越国大战6次，对楚、陈、宋、鲁同时用兵，取得了夫椒之战和艾陵之战两次彪炳史册的胜利，持续建设大型水利工程，在军工行业发展上，应该是下了苦功夫的。然而，在这23年中，没有见到他在经济上有任何建树，吴国几乎没有休养生息的时间，一直都在对外用兵。吴国之亡，当在情理之中。

　　战争是政治的延伸，政治是经济的延伸。如果发动战争只能换取政治上的虚名，进而带来经济的崩溃，那么发动战争就是愚蠢的。如果是生死存亡的保卫战，那么即便打到精疲力竭，即便牺牲了一代人、两代人，也要用愚公移山的精神死撑下去，"子子孙孙无穷匮也"。然而，看

第十三章　露败象穷兵黩武　吴夫差本末倒置

吴王夫差发动的讨伐齐国之战，完全是舍近求远、本末倒置之战，为战争而战争，为争霸而争斗。因此，笔者一再强调，不知道他发生战略重心转移的判断依据是什么，只能从"争霸战争"与"兼并战争"目标不同来理解他的心路历程。他究竟是怎么想的，看不到他的日记，找不到他的心灵独白，只能进行适当的推断和分析。

有一个理由是成立的：他在寻找价值感和成就感。

一个战争狂人的价值感只能通过战争来实现。他无法在和平世界找到成就感。如果是为了复仇最好，这样发动战争就变得堂而皇之，比如夫椒之战，是为了给吴王阖庐复仇，理由充分。不是为了复仇也好，发动战争的理由就像维吾尔族姑娘的辫子，一抓一把：齐景公去世了，齐国空虚，可以发动战争；齐悼公被齐国大臣杀害了，为了"主持正义"，可以发动战争；战胜了，当然要乘胜追击；战败了，要想办法扳回一局……直到吴王夫差十四年之后，面对"强越"咄咄逼人的攻势，吴王夫差才再无力量发动对外战争，只能疲于应付。

从吴王夫差二年夫椒之战打败越国，到吴王夫差十四年，整整十二年，夫差就是在任性地发动着一次次战争，而越国休养生息了十二年，此消彼长，越国应该超越吴国至少二十年。夫差奋斗了这么多年，究竟取没取得显著的成绩？取得了。

根据《史记·越王勾践世家》记载，勾践在彻底击败夫差之后，"以淮上地与楚，归吴所侵宋地于宋，与鲁泗东方百里"，就是把淮河流域的地盘分给楚国，把吴国过去侵占宋国的土地还给宋国，又把泗水以东纵横百里的土地给了鲁国。如果进行合理推测，这些土地应该是吴王夫差侵占的邻近国家土地，越王勾践原封不动地退还给了各国，显得师出有名，还能树立越军乃仁义之师的光辉形象。到了最后，"吴士民罢弊，轻锐尽死于齐、晋"，吴国军民疲惫不堪，民力枯竭，精锐部队都在与齐国、晋国的作战中消耗殆尽。吴国国势急转直下，迅速衰落了下去，让所有人都猝不及防。事实证明，吴王夫差醉心于跑马圈地和房地产开发，终究掩盖不了吴国泡沫经济的事实。

有人可能会为他抱不平，为他惋惜，感觉这样一个有为的人，创新了战法，开发了扬州，修建了邗沟，为京杭大运河奠基，对中国历史是有贡献的，结果却遭了越王勾践的毒手。这是今人的观点，不是古人的观点。这是一种历史的同情，但不是历史的观点。如果这些记载符合事实的话，那么他确实不是一个毫无能力的人，但他却是政治侏儒，甚至连军事家都算不上，只是一个军事强人。凡是能称得上"家"的人，一定是具有原创能力的集大成者，比如，孔子是儒家创始人，秦始皇称得上政治家，孙武是军事家，这些人在理论和实践上都有开创之功。吴王夫差率先使用两栖登陆和预备队的战法，确实是一大创举，但这是战术的创新，只能胜在一时、胜在一地，不是战略的创新，不能胜在万世、胜在全局。不谋万世者不足谋一时，不谋全局者不足谋一域。缺少全局思维和多维视角，就缺少了一种宏观决策时应该具有的气度和果断。

吴王夫差至死都没有搞清自己的工作职责和人生定位。明明是吴国君主，他却把自己当成了吴国军事统帅。他是吴国的法定代表人，第一项职责应该是做好政治家的工作，吴国的军事统帅应该另有其人。他就好像宋徽宗，除了不会做皇帝之外，其他样样在行。从政治素养上比，他比越王勾践差了太多。勾践能够胜任政治家的工作，主抓顶层设计，执行具体任务的是范蠡、文种和计然。夫差有一个文武全才的伍子胥却不爱用，只爱听伯嚭夸他"高，实在是高"。奸臣是一个有主观色彩的词。如果抛开忠奸二元论，这些所谓奸臣只是在寻找一种明哲保身、获

第十三章　露败象穷兵黩武　吴夫差本末倒置

取利益的手段，能让他们大行其道的，依然是那个最高决策者。

夫差的悲剧，验证了三句话：

其一，国虽大，好战必亡；天下虽安，忘战必危。

其二，祸莫大于轻敌。

其三，慕虚名而处实祸。

这只是给夫差做一次战略分析，他的故事，依然要继续。

◎夫差被黑了

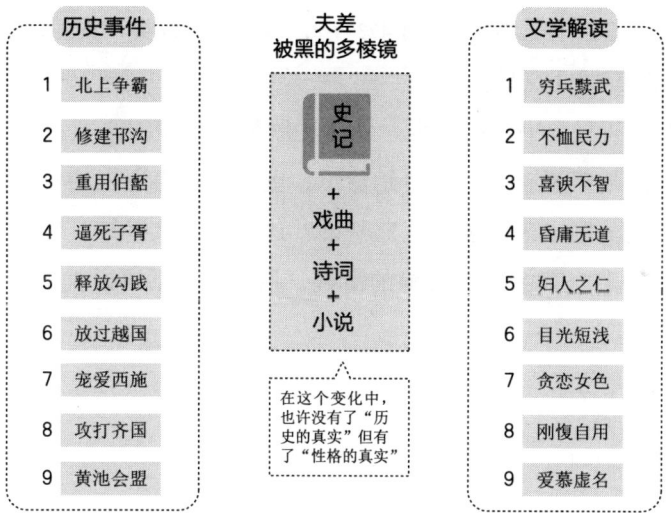

《史记》《左传》《吴越春秋》等书在记录吴王夫差的"工作简历"时，基本事实相同或相近，但是在时间的记载上却有很大出入，甚至《史记》本身，对于同一事件在不同人物的传记中，记载也不尽相同。笔者为了理清这些次序，花了大量宝贵的时间，心疼得差点流下了柔弱的泪水。笔者认为《吴越争霸史事系年考辨》（绍兴文理学院人文学院俞志慧先生所作），考证严谨，实为大家之作，可参看。

有几个关键时间点是准确的：

吴王夫差二年（公元前494年），夫椒之战吴打败越；

吴王夫差十年（公元前486年），夫差修建邗沟；

吴王夫差十二年（公元前484年），艾陵之战吴鲁打败齐，伍子胥被逼自杀；

吴王夫差十四年（公元前482年），夫差参加黄池大会，勾践趁机伐吴；

吴王夫差二十三年（公元前473年），越彻底打败吴，夫差自杀。

记住这些时间点足矣。

这些分析只是书生的论证，无法还原吴王夫差的真实心境。他做出如此大的战略调整，因何？是梦想、虚荣、军事狂人的价值感，还是试图奠定吴国未来发展的战略基础？这些都无从得知。但是，有一个人在战略上一直保持着头脑的清醒，用当代的话语说就是，能够分清主次矛盾。

他，就是伍子胥。

第十四章　伍子胥掏心掏肺　耍阴谋文种九术

伍子胥进言:"我听说勾践节衣缩食,与百姓同甘共苦,越国上下同心同德,这个人不死,一定会成为吴国的最大祸患。越国对于吴国,是心腹大患,必须除之。齐国对于吴国,是疥癣小疾,构不成实际的威胁。希望大王放弃攻打齐国的计划,而攻打越国才是我们的首要任务。"夫差不听。尤其出兵齐国意外地获得了胜利,夫差回国以后就责备伍子胥不知天命,差点阻碍自己建立奇功。伍子胥说话也不客气,劝他不要高兴得太早,一味穷兵黩武不是好事,若是激起普遍的反抗那就糟了,树敌太多肯定会自掘坟墓,能笑到最后的才是英雄。这话差点把夫差气死,心想怎么遇到了这么个不识时务的扫帚星,就大声斥责他。伍子胥想自杀,夫差赶忙制止。这对君臣快要决裂了。

伍子胥的担心不是没有道理的。勾践在回国的这几年时间里,一直善待士卒、安抚百姓、寻机报复。越国大臣逢同劝勾践道:"我们国家曾经饱受战争的创伤,如今刚刚殷实富裕一些,如果我们加强战备,吴王一定会提高警惕，害怕我们东山再起。他若存有这种心思，我们就要有灾难降临了。我们一定要掩饰自己的真实意图，当务之急还是韬光养晦，隐藏实力。孙子说过，能而示之不能。不要让吴国的注意力转移到我们身上。吴王现在四处炫耀武力，他师出无名，讨伐齐、晋，又和楚、越结下深仇大恨，他虽然战功显赫，但是却留下了穷兵黩武、恃强凌弱的恶名，并且吴王会因战功而更加骄傲狂妄，目空一切。得道者多助，失道者寡助，只知一味逞强，他的覆灭为期不远。现在摆在越国面前的首要任务，就是扩大盟友。当今之计是亲近齐国，依附楚国，结交晋国，并且厚待吴国，继续吹捧吴王，让他忘乎所以、骄傲自满，挑拨他产生非分的欲望，他一定会更加轻易地发动战争。俗话说，紧行无好步，急于求成的人一定会有失误，那时我们联合齐、晋、楚这些反吴势力，趁吴国疲惫，就会一击命中，轻而易举地打败他。"勾践对这个计划大加赞赏，一面派出使者联络其他反吴势力，一面对吴王歌功颂德，满足他好大喜功的虚荣心。吴王果然连年征战，弄得百姓怨声载道。

  事实证明，吴国的"北进战略"不但没有实现预期目的，反而在国内百姓中造成了恶劣的后果。吴王夫差一意孤行，最终成了孤家寡人。与此同时，越王勾践却博采众长、兼容并蓄，执行了一系列有利于国富兵强的政策，不仅包括"生聚教训""计然七策"，还有《吴越春秋·勾践阴谋外传》和《越绝书·内经九术》中记载的"文种九术"。两书的记载大同小异。作为政治设计师，文种对他的策划案也做出了适当的渲染，《吴越春秋》记载："夫九术者。汤文得之以王，桓穆得之以霸。其攻城取邑，易于脱屣。"意思是说，九术，商汤、周文王照此行事，可以夺取天下；齐桓公、秦穆公照此行事，可以称霸诸侯。如果用它攻城夺阵、杀伐擒敌，就像脱鞋一样简单。至于其内容，包含九个方面：

第十四章 伍子胥掏心掏肺 耍阴谋文种九术

其一，尊天地，敬鬼神，请求赐福；

其二，用奇珍异宝激发敌国君王的贪婪欲望和虚荣心，以巨额财富收买贿赂敌国重臣；

其三，通过经济手段吸干敌国财富，并怂恿其君王随心所欲地行事，离间他与民众的关系；

其四，实施美人计，惑乱其心，打乱其部署；

其五，选取能工巧匠，支持敌国建设浩大工程，消耗其国家的财富；

其六，帮助没本事的溜须拍马之徒窃取敌国的高位，使敌国易于攻打；

其七，铲除敌国能力出众、忠心耿耿的中流砥柱，逼其自杀；

其八，增强我国实力，准备精良的武器；

其九，积极训练军队，等待战机出现。

其中，有阳谋，也有阴谋，有正大光明的，也有下三烂的，一、八、九条对内，二、三、四、五、六、七条对外。以结果为导向的勾践听完之后，说："善！"于是，勾践给夫差贡献良材、美器、能工、巧匠，帮他扩建宫苑，并在全国海选美人，找到了以病态美享誉古今的西施，并把她培养成间谍。集万千宠爱于一身的西施究竟是否存在，存在争议，但一定会有这样一个女人，让本来就已进入疯狂状态的男人，更加神魂颠倒，向地狱之门加速前进。夫差站在地狱门口的标志，就是他逼迫伍子胥自杀。

勾践听说夫差宠幸西施，日夜游乐，就与文种商量今后的战略步骤。文种说："我听说国以民为本，民以食为天。今年谷物歉收，大王可以向吴王请求支援，以缓解困境。若是老天要惩罚吴国，吴王必然会准许。"越国果然如愿以偿,伍子胥的劝谏还是没有成功。据《吴越春秋·勾践阴谋外传》记载,越国在第二年还贷时,把谷种蒸熟了送给吴国。吴国百姓种下这种谷物后,只是空忙了一年,颗粒无收。果真如此,这条计策可就太毒辣了。

姑且把复仇算作正义行为。当以正义行为粉饰不择手段的毒辣行为时,这种正义就成为一种无耻。所谓正义,理当有原则、有底线。可惜,借正义之名行罪恶之实,反而成为一种屡见不鲜的现象,甚至"正义"可以用来自我安慰、自我释怀,这不能不算一种悲哀。

至于文种,后来好像是为自己的不择手段付出了代价。尽管他兜售出去了不择手段的计谋,取得了预期的效果,但与一个不择手段的君王合作,他的个人悲剧应该是注定的。乘除加减,上有苍穹。人世间的事说到底是守恒的。

第十五章　吴王昏自毁长城　太子谏螳螂捕蝉

伍子胥与伯嚭本来就面和心不和，因为越国的原因，两人更是把那层虚伪的面纱都撕破了，公然对立，互相拆台，势同水火。

伍子胥只知国家大事，不计个人荣辱，说话难免直来直去。所谓"信言不美，美言不信"，实事求是的话总是有一点刺耳的。明枪易躲，暗箭难防。在与伯嚭的宫廷辩论中，伍子胥总是被伯嚭上下其手、拉帮结派、强词夺理、巧言媚主的手段弄得处于下风。考虑到伍子胥是先王老臣，夫差刚开始对他还很客气，只是对他的建议充耳不闻罢了，后来则对他越来越严厉。

其实，伍子胥的失势并不全因伯嚭搞鬼，根本原因是他与夫差二人战略有分歧，这将放在本册之《伍子胥传（评论篇）》中详析。而直接原因则是夫差变了。这时的夫差已不是那个继位之初励精图治、念念不忘要为先辈雪耻的夫差了。他已经征服越国，并且在其他诸侯国中有了知名度，军事扩张比较迅猛，这一切让一个没有经过艰苦创业的"二世祖"自我陶醉起来。一个好大喜功的人最喜欢那种高高在上的感觉，特别喜欢别人歌功颂德，这就是伯嚭能够得势的原因。

伯嚭只顾私利，哪管什么国计民生？他把伍子胥视为眼中钉、肉中刺，只要一有机会，就向夫差进谗言。

他说得最致命的一次是这样的："伍子胥表面忠厚，实际上心狠手辣、六亲不认，为了自己活命连父子兄弟、至亲骨肉都弃之不顾，他怎么可能真心实意为大王着想呢？大王以前讨伐齐国，明显是伸张正义、摧枯拉朽之举，必定攻无不克、战无不胜，所有大臣都支持大王的英明决定，只有伍子胥不识大体、极力劝阻。后来大王有了战功，他因为没有言中，竟然怨恨大王，举国欢庆之时他却怅恨不已，足以见他居心叵测。大王不防备他，他日后必然生乱。"伯嚭又与人共同谋划，一唱一和地在夫差面前诋毁伍子胥。

夫差刚开始并不相信谗言，就派伍子胥出访齐国。伍子胥已预料到吴国必败，在出使齐国时就把自己的儿子托付给齐国的一个朋友鲍氏。

夫差听伯嚭说伍子胥预留退路了，勃然大怒道："伍子胥果然欺骗我了，真是人不可貌相啊！"

等到伍子胥完成使命回到吴国，夫差就派人赐给他一把属镂（zhǔ lòu）剑，让他自杀。伍子胥大笑说："我辅佐先王称霸，又拥立你为王。刚开始先王不准备立你，是我力争，你才得以继位。我为你殚精竭虑，破楚败越，威加诸侯。当初你想把吴国分出一半给我，我坚决不受。我无怨无悔，那时君臣倒是其乐融融。谁知没过多久，你就忘恩负义，听信谗言要诛杀我。苍天啊！大地啊！把一切都交给公正无私的历史法庭去做定论吧！看看不听劝谏、自以为是、一意孤行、一误再误的人还能坚持多久！"并告诉使者道："一定要挖出我的眼睛放在吴国都城的

第十五章 吴王昏自毁长城 太子谏螳螂捕蝉

东门上,我要看着越国军队进城,否则我死不瞑目。"说完,自刎而死。

伍子胥死后,国政决于伯嚭,整个吴国岌岌可危。但在表面看来,这时好像是吴国最强大的时候,"外强中干"是其最恰当的形容词。

勾践这时蠢蠢欲动,想趁机攻吴。他对范蠡讲:"吴王已杀伍子胥,如今当政的都是一些阿谀奉承的小人,吴国已失去顶梁柱,你看现在对吴用兵怎么样?"范蠡不同意,让勾践少安毋躁,因为最优秀的猎人都是最能沉得住气的人。夫差还在那里盲目乐观呢。他目空一切,对越国的日益壮大全然不顾。他更加骄横,还想北上与诸侯会盟,讨论一下确立自己盟主地位的问题。

太子友旁观者清,知道父亲长此以往可能要引起众怒,就想劝谏,但又怕惹恼夫差,于是就想用暗喻的手法进言,促使其悔悟。

太子友有一天早晨从后花园回来,弄得衣服和鞋子湿淋淋的。夫差很奇怪,就问他干什么去了。

太子友说:"孩儿刚才去后花园游玩,听到秋蝉在树上鸣叫,我循着声音看到秋蝉迎风而立,洋洋得意,自以为找到一个安乐窝,不知螳螂攀枝缘条,环伺在侧,想要捕捉它;螳螂一心只对秋蝉,不知黄雀徘徊于绿荫之间,想要啄食螳螂;黄雀一心只对螳螂,不知孩儿挟持弹弓,蹑足潜踪,想要击杀黄雀;孩儿一心只对黄雀,不知旁边有水沟,失足陷落,所以弄得衣履尽湿,为父王所笑。"

夫差道:"这是螳螂捕蝉,黄雀在后;黄雀之后,还有童子。你们全都犯了一个错误,就是只贪图眼前利益,不顾后患。这是天下最愚蠢的做法,也是人之常情。"

太子友说:"还有比这更愚蠢的。鲁国是周公的后代,礼仪之邦,爱好和平,而齐国无故伐鲁,以为可以长久占有鲁地,不知我们吴国尽起精兵，奔袭千里攻打它；吴国大败齐军，以为可以长久占有齐地，不知越王勾践尽选敢死之士，想要趁吴国劳师远征、鹬蚌相争之际，渔翁得利。我认为这是最愚蠢的。"

夫差发怒道："这只是伍子胥的老生常谈，你如今拾人牙慧，也想阻挠我的大计吗？再不要说了，否则我不认你这个儿子！"夫差早已彻底利令智昏了，只有用鲜血才能擦亮他的眼睛。

夫差想北上参加的大会叫"黄池大会"。他想与诸侯争雄，扬名立万。

第十六章　贤子贡倾国有术　巧设计鹬蚌相争

在"黄池大会"之前，孔子有一个学生凭借超强的智谋，在列国间纵横驰骋，在齐、鲁、吴、越、晋之间分化组合，从而导致吴齐之间发生"艾陵之战"，此事记载在《史记·仲尼弟子列传》中。一来为了说清时代背景，二来为了体现当时争斗的巧妙，笔者把这段内容补于此。

这件事的起源是齐国要攻打鲁国。齐国为什么要攻打鲁国呢？因为齐国的权臣田常要作乱。他作乱为什么要攻打鲁国呢？因为他要转移国内政治斗争的视线，并且在对外战争中谋求权势和利益，以便在国内政治斗争中争取主动权。自古以来这恐怕也是发动战争的原因之一。田常是谁呢？他是田完的七世孙。田完又是谁呢？他是"田氏齐国"的始祖。

在本系列丛书之《霸主之路》中说过，在齐桓公时代，有一个陈国的贵族公子陈完因为躲避政治危机而逃到齐国，被齐桓公任命为"工正"，大概是"劳工部长"类的官。他改叫田完。从此，田氏在"姜氏齐国"（姜子牙是创始人）生根壮大。到田完六世孙田乞时代，田氏开始专权。这时是齐景公时代末期，也是春秋时代末期。

齐景公死后，田乞勾结大臣作乱，杀死了晏孺子（"孺子牛"的主人公、齐景公指定的继承人），而扶立了齐景公另外一个儿子姜阳生为齐简公，因为姜阳生和他关系较好。不久田乞去世，其子田常接替他担任"姜氏齐国"的相国。田常想作乱，但是惧怕齐国的"四大家族"国氏、高氏、鲍氏、晏氏，他就想发动战争，为自己树立权威。就这样，毗邻齐国的鲁国成为倒霉蛋。孔子听说这件事后，对弟子说："鲁国是我们的祖国。祖国危急，我们怎能置身事外？"性格直率、喜欢用武力解决问题的子路挺身而出，想救鲁国，被孔子拦阻，因为孔子觉得仅凭血气之勇无济于事。子张和子石的请求也被孔子拒绝。子贡请求出面，孔子同意了。

子贡（公元前520年—？），复姓端木，名赐，春秋时期卫国人，孔子门人，孔门十哲之一，受业身通，孔子称其"瑚琏（hú liǎn）"之器。孔子的学生人才济济，有政治之才、管理之才、文学之才、军事之才、外交之才等，子贡善于辞令，属于外交之才。他曾经在卫国、鲁国做官，又曾经在齐国、吴国之间游说，后来弃官经商，在曹国、鲁国之间做跨国生意，家累千金。他是横跨学界、商界、政界的知名人物，能够与诸侯国国君分庭抗礼，最后应该老死在齐国。据说孔子周游列国的活动资金主要就是由子贡提供的。孔子死后，他为孔子守孝六年。在当时，子贡就是大家学习和推崇的人。普通人更想成为子贡，而不是成为清苦、自律的孔子。其实，子贡很有原则，并不是圆滑世故之人。《史记·仲尼弟子列传》中说，子贡"喜扬人之美，不能匿人之过"。遇到善言、善行，他极力肯定、宣扬，可是遇到恶人、恶行，他也绝不姑息、纵容。在历史的长河中，孔子的名声数次起伏跌宕，而子贡一直都是被尊崇的对象。子贡拥有取之有道、义利统一的财富观，被视为儒商之祖。

◎子贡儒商之祖地位形成的原因

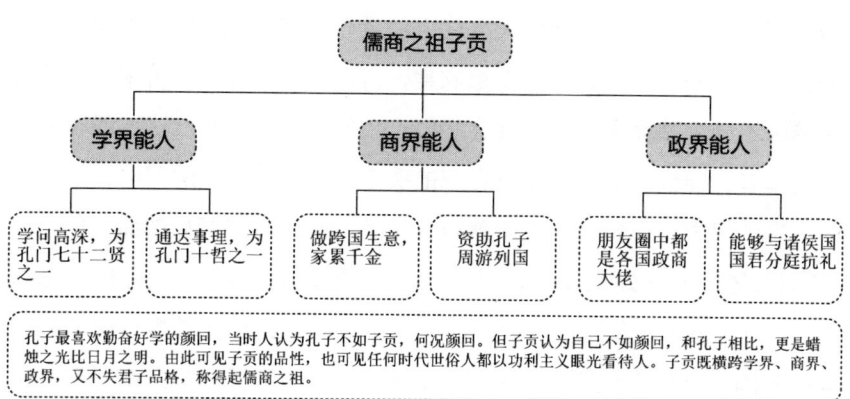

孔子派子贡来解决问题，可谓选对了人。子贡是"技师型+政委型"人才，有从学、从商、从政的经历，能传道，会办事，熟悉列国的形势，只有他这样的人出马，才能解决复杂的列国问题。

经过深思熟虑之后，子贡找到了解决方案。

子贡来到齐国，对田常说："您讨伐鲁国的决定错了。鲁国是难以攻打的国家，外城墙矮小，护城河浅狭，国君麻木不仁，大臣迂阔无用，鲁国百姓十分厌战，不能和这样的国家交战。您不如讨伐吴国。吴国城墙高大，国富民强，坚兵利器应有尽有，而且城池是由贤明之人镇守的，这才利于讨伐。"田常勃然作色道："您认为难的，正是容易攻取的，您认为容易的，正是难以攻取的。您用这种违背常理的法则教我，为什么？"子贡说："我听说，忧在内者攻强，忧在外者攻弱。您的忧患正是在萧墙之内。我听说您有三次应该被封爵，可惜因为四大家族作梗，三次都化为泡影。攻打鲁国的决定是您提议的，但是会由国、高、鲍、晏四大家族的人实施（这句话是由笔者补齐的，否则道理讲不通）。鲁国弱小，攻破鲁国应该是意料之中的事，然而这只会给齐国增加土地，给齐国国君增加威势，让四大家族更加风光，谁也不会把这份功劳算在您的头上。您这只是为他人作嫁衣裳，自己两手空空，何苦来？而攻打吴国则不同，胜算很小，百姓会怨恨，人们会把矛头对准这次战役的具体实施者，谁也不会把过错算在您的头上。在打击政敌的同时，还会削弱公室的权力，您想做成大事就容易了。"田常说："善！然而我们已经向鲁国发兵了，如果半途而废，转向吴国，大臣就会怀疑我，怎么办？"子贡说："您暂且按兵不动，我去见吴王，让他救援鲁国，并且攻打齐国，这样您让齐军迎战就顺理成章了。"子贡于是向南来到吴国（齐国在山东的最东面，鲁国在齐国的西面，吴国在齐国的南面）。

子贡对吴王夫差说："我听说，真正的王者不会隔岸观火，看着别国灭亡；真正的霸主不会坐以待毙，看着对手强大。如今强齐攻打弱鲁，胜利指日可待。齐国想消灭鲁国，扩充实力，以便和吴国争霸。您作壁上观，我真替您担心。您若是勇敢地主持正义，事情就会向相反的方向转化。救援弱鲁可以扬名立万，攻打强齐则是打击潜在的敌人，还可以让不可一世的晋国震恐，一举三得，何乐而不为？况且名义上您是救援弱鲁、主持公道，实际上则有莫大的利益。真正的智者一定会抓住这千载难逢的机遇，不会有一丝犹豫。"吴王夫差说："善！您说得在理。可是我和越国是世仇，越王勾践如今正在苦心经营，他有报复吴国的心。您等我把越国的问题解决了，再听从您的建议。"子贡说："越国

第十六章　贤子贡倾国有术　巧设计鹬蚌相争

比鲁国还要弱小，而吴国也比齐国略逊一筹，越国不足为虑。但是，若等到您解决完越国之事，齐国早就把鲁国吞并了。齐国实力大增，就不是您讨伐它，它反而会蠢蠢欲动，伺机对吴国下手，那时您恐怕是泥菩萨过河——自身难保了。您既然想在天下人面前留下急公好义的美名，就不应该舍弃强齐，而攻打弱小的越国，这不但不是勇敢的行为，还会留下欺弱怕强的坏名声。勇者不避难，智者不失时，仁者不困窘（指救援鲁国会博取仁义之名，行事也会容易）。道义是最重要的。您保存越国彰显仁义，救鲁伐齐，威震晋国，诸侯必定会向您朝拜，如此霸业可成。如果您担心越国，那么我去见越王，让他派兵跟随您，名义上是让他派兵跟随辅佐，实际上是使越国空虚，您也少了后顾之忧。"吴王大喜，让子贡出使越国。

越王听说子贡来到了越国，就洒扫街道，亲自驾驭车子到宾馆看望他，说："我们越国是蛮夷之国，先生屈尊来此，我感到蓬荜生辉。不知先生有何见教？"子贡说："我游说吴王救鲁伐齐，吴王也有此心，但是他怕贵国偷袭，说还是等到他攻灭越国之后再说。倘若如此，越国必亡。人若是没有报复心却引起别人怀疑，是愚蠢的；有报复心却又让人知道，是危险的；事情还未做却闹得满城风雨，更是危险至极。这三种情况是办大事的忌讳（指越王想报仇的心思若让吴王知道，对其不利）。"勾践拜了两拜，说："我曾经不自量力，与吴国会战，兵败受辱，痛入骨髓。我日夜操劳，只想雪耻，哪怕和吴王同归于尽也在所不惜。先生看我应该怎么办？"子贡说："吴王为人凶猛残暴，让大臣难以忍受。吴国连年征战，百姓疲惫不堪，上下怨声载道，吴国的统治危险极了。吴王不听忠言，伯嚭一味顺从，纵容吴王的过失，这是亡国之政。此次吴王想讨伐齐国，您若是派出军队辅佐他，贡献礼物取悦他，用甜言蜜语盅惑他，他肯定会飘飘然，感觉不可一世，这样他必会交战。如果吴国伐齐失败，那就是越国之福。如果吴王侥幸获胜，他更会忘乎所以，肯定向西推进，攻击晋国。我为您出使晋国，让晋国攻击吴王，他必败无疑。如果他把精锐部队消耗在齐国战场上，又被晋国拖住手脚，您在后面趁他无法瞻前顾后之时施以打击，肯定破吴。"越王大喜，许诺赠送子贡黄金百镒（yì，货币单位。先秦以黄金二十两或二十四两为一镒，一镒又称一金）、宝剑一柄、良矛两把。子贡不受，返回吴国。

子贡向吴王汇报说："我把您的话郑重地告知越王，他诚惶诚恐，说：'我很不幸，父亲早亡，又因为年轻气盛，不自量力，得罪了吴王，军败身辱，国家凋敝，是因为有吴王的大人大量，我这才苟延残喘，这份恩情我永世不忘。现在我能保留祖先宗祀，心愿已足，还敢图谋什么呢？'言辞恳切。"吴王大喜。

五天之后，越王勾践派文种来见吴王道："戴罪的越王勾践派贱臣文种，冒昧地向您问安。听说您要大兴义兵，诛强扶弱，维护天下正义，我们请求把越国全部兵力三千人归您调遣，我们越王勾践也愿意披坚执锐，做您的先锋。先奉上最好的铠甲兵器若干，用来装备贵国的军队。"吴王非常高兴，对子贡说："越王想和我一同出征，答应他吗？"子贡说："不可。征用越国的士卒、武器，已经让其国内空虚了，如果再让其国君跟随，这样办事就太过分了。您可以接受他的礼物和士卒，但是不要让越王跟随，这才符合道义。"吴王应许。于是吴王带着全国的精兵讨伐齐国。

子贡来到盘踞在中原腹地的晋国，对晋君说："人要居安思危，凡事有备无患。我听说吴王要对齐国宣战。如果吴王失败，越王肯定会抄其后路。如果吴王获胜，他肯定会向晋国用兵。您不预先谋划，不提前

第十六章　贤子贡倾国有术　巧设计鹬蚌相争

训练士卒,就无法面对仓促之变。"晋君大恐,问:"我该怎么办?"子贡说:"提前做好战争准备,以逸待劳。"晋君允诺。子贡把所有的事都办好了,这才转回鲁国,静观时变。

吴王果然向齐国发动"艾陵之战",打败齐军,俘获其七位将军,志得意满之余,加兵于晋,晋人击之,大破吴军。越王勾践趁机讨伐吴国,虽然这次没有灭亡吴国,但是吴国连年征战,元气大伤。又过了几年的工夫,越王灭掉吴国,称霸中原。

子贡一出手,使鲁国保存、齐国动乱、吴国残破、晋国强盛、越国称霸(*存鲁、乱齐、破吴、强晋、霸越*)。

◎子贡的外交成果(外交战略的光辉典范)

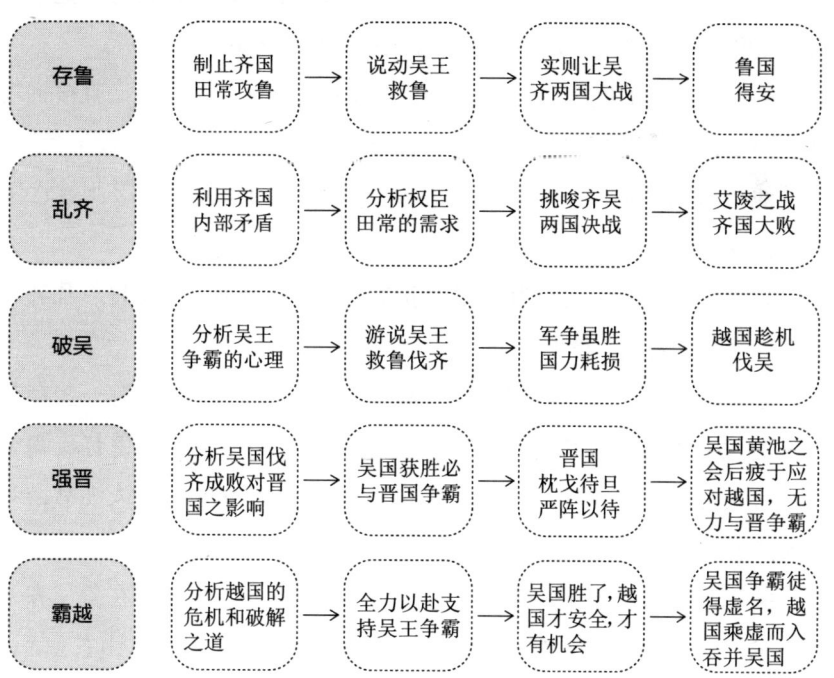

关于子贡这次外交斡旋的结果，《史记·仲尼弟子列传》是这样记载的："吴王果与齐人战于艾陵，大破齐师，获七将军（实际为五位将军）之兵而不归，果以兵临晋，与晋人相遇黄池之上。吴晋争强。晋人击之，大败吴师。越王闻之，涉江袭吴，去城七里而军。吴王闻之，去晋而归，与越战于五湖。三战不胜，城门不守，越遂围王宫，杀夫差而戮其相。破吴三年，东向而霸。"

这个记载，存在很多问题。

第一，时间的问题。这段话里一共包含三个时间，艾陵之战的时间（吴王夫差十二年，公元前484年）、黄池之会的时间（吴王夫差十四年，公元前482年）、越国灭吴国的时间（吴王夫差二十三年，公元前473年），跨度约12年。如此叙述，时间好像是前后相连的。这恐怕是为了把子贡出使这件事的来龙去脉记述完整，才选择这样的方式。

第二，事件的问题。这里说，吴王夫差艾陵之战胜利后，直接去攻打晋国。实际上艾陵之战与黄池之会时隔两年。说晋军"大败吴师"，与其他记载相矛盾。又说吴王夫差从黄池之会回师救援，因此就亡国了，这也不正确，吴国是十年以后才亡国的。

如此记载，恐怕就是为了交代事件始末，并且突出"存鲁、乱齐、破吴、强晋、霸越"的结果。

苏轼考证后，说这段记载与事实不符。《史记》中确实有一些存在争议的地方，司马迁创作如此巨著，超越了体能极限，难免有疏漏之处，后人可以进行辨析、考证，不能对司马迁过于苛求。看人观书，考其大节。

关于子贡这次出使，确实有需要让人辨析之处。如果他在鲁、齐、吴、越、晋之间走了一圈，在当时可算是长途跋涉，属于从山东（齐、

第十六章　贤子贡倾国有术　巧设计鹬蚌相争

鲁）去了一趟江苏（吴），从江苏到浙江（越），从浙江到山西（晋），最后返回了江苏（吴），以当时的交通条件，在时间上很难保证。但是，子贡肯定参与了吴越争霸的大历史事件，并且以他的能力，一定能够完成"伐谋、伐交"的外交任务。

在读史时，有时要关注"历史的真实"，有时更要关注"性格的真实"，不能把"历史的真实"当成"性格的真实"，也不能把"性格的真实"当成"历史的真实"，只有对二者有一个正确的认知，不混为一谈，才能从两种"真实"中吸取营养。

如果从读书中，读出了人性，看到了自己的影子，发现了价值所在，就是受益了。

子贡贯彻落实了孙子的战略：上等的军事策略是用谋略击败敌人，其次是用外交手段攻破敌人，再次是动用武装力量打败敌人，最次是攻城打消耗战，打消耗战是不得已而为之的事情（《孙子兵法·谋攻篇》：故上兵伐谋，其次伐交，其次伐兵，其下攻城。攻城之法，为不得已）。子贡巧妙地利用敌人之间的矛盾，瓦解敌人于无形之中。

实力是保证，但是，谋略至关重要。

第十七章　黄池会强弩之末　战机现一鼓作气

第十六章属于插播广告，还得回来。吴王夫差这次赴会把精锐都带走了，只让老弱病残与太子友留守都城。他刚出国境，越王勾践就和范蠡谋划攻击吴国的事。

《吴越春秋·勾践伐吴外传》中记载，吴王夫差有精锐 130000 人，不知道只是陆军，还是也包括水军。《国语·越语上·勾践灭吴》中说吴国有兵"亿有三千"。古代计数，十万为亿，或万万为亿，此处肯定是十万，如果照这个说法，应是 103000 人，比上一种说法，少了 27000 人。这可能是史籍传抄时，出现了讹误。另外《吴越春秋·夫差内传》说，在黄池大会上，吴王夫差"带甲三万六千"。而《国语·吴语·吴欲与晋战得为盟主》则记载，吴国"带甲三万"，这种史籍之间记录的矛盾，让研究者非常头疼。且不论是多少人，反正吴王夫差一定是把主力带走了。当时，参会的人有鲁哀公、晋定公、吴王夫差、周朝卿士单平公，单平公作为王室代表参会。当年七月七日，正式会盟。古代订盟

第十七章 黄池会强弩之末 战机现一鼓作气

有个规矩,先歃血的为盟主,因此晋、吴进行了一番对话。吴王夫差说:"于周室,我为长。"晋定公说:"于姬姓,我为伯。"这两句话非常有意思。"于周室,我为长"说的是吴国的始祖是古公亶父的长子吴太伯和次子仲雍,周朝是从古公亶父的少子季历这一支传到周文王、周武王,然后建立了周朝,而晋国的始祖是周武王的庶子唐叔虞。所以,吴王夫差说"我为周室之长房"。但晋定公不甘示弱,他说"于姬姓,我为伯",伯,通"霸",晋文公的霸主称号可是货真价实的,有周王室的红头文件加持,此后晋襄公、晋悼公、晋平公在位期间,晋国的霸业不倒,当时姬姓诸侯中称霸的只有晋国,因此,晋定公说"我为姬姓诸侯的领袖"。这种对话,像极了国际政治中屡见不鲜的唇枪舌剑。

当两国讨价还价、争论不休的时候,吴国有人来报,说勾践派兵偷袭,太子友被杀,如今国都被围,情势危急。夫差怕这个消息被诸侯听到(一说是夫差恼怒),杀了七个报信人。还有一种说法是有人走漏了消息,夫差恼怒,在军营帐幕下杀了七个人。夫差召集会议,说道:"现在吴、晋还没有讨论出结果,突然发生这种事,你们说,是就此打住,火速回国增援好呢,还是继续参加盟会,但退避三舍,把盟主之位拱手让给晋国好?"大臣王孙骆说:"二者都不好。若是不会盟就走,别人将会看出我们心急如焚,必定趁火打劫。若是在盟会时向晋国退让,那我们以后就只能听命于晋了。我们只有主导盟会,方可万无一失。"夫差问:"想要主导盟会,用什么办法呢?"王孙骆答道:"如今情势危急,只好霸王硬上弓。大王只有鸣鼓挑战,才能打击晋国的气焰。"

于是夫差命令军队出击,在距离晋国军营一里的地方,排成两个方阵,一个方阵是红色调的——"如火",另一个方阵是白色调的——"如荼"(tú,指茅草的白花。成语"如火如荼":像火那样红,像荼草那样白,形容军容壮盛，现在多指气势蓬勃旺盛）。等到摆好了架势，吴军开始擂鼓呐喊，声震天地，确实把晋军吓了一大跳，晋国方面赶忙派人去交涉。知道夫差今天就想把盟主之位确定了，那几个与会者开了个碰面会，商量道："那吴王虽然口气强硬，但是面带忧虑，心不在焉，难道是越人偷袭得手了吗？我们今天若是执意不肯，他可能狗急跳墙，会加害于我们。但是也不能让他得寸进尺，他这个王号是自封的，一定要让他去掉吴王称号改叫吴伯，我们再答应他。"自古以来合同都是这么签的，双方各有底线，然后尽量争取，不行再说。就这样，夫差勉强当上了个"盟主"。

夫差这样处理危局是很不明智的。后院起火是最大的危机，他在这个时候还要照顾颜面。要知道军事战斗是与时间赛跑，哪怕能争取早一秒钟都要全力以赴。如果晋军不要命，没被镇住，真和他决战，他又该如何面对？

有个问题，还是需要探讨一下。关于吴王夫差是不是霸主，史料记载得非常不一致。《国语·吴语》《公羊传》《史记·秦本纪》《史记·晋世家》《史记·赵世家》说吴王夫差为盟主，然而《左传》《史记·吴太伯世家》则说晋定公为盟主。即使在《史记》中，也出现了矛盾，这让研究者非常头疼。仅取两个例子，比较一下。《史记·晋世家》中记载："三十年，定公与吴王夫差会黄池，争长，赵鞅时从，卒长吴。"《史记·吴太伯世家》中记载："赵鞅怒，将伐吴，乃长晋定公。"同一本书，记载的不一样。《左传》记载得模糊，似乎认为晋定公为霸主，《国语》认为吴王夫差为霸主，两本书都比较权威，听谁的？

如果比较吴王夫差与晋定公二人的所作所为和在历史上的地位，那么吴王夫差为霸主应该毫无疑问。有人尊崇晋定公，并非尊崇他本人的

第十七章　黄池会强弩之末　战机现一鼓作气

文治武功，完全是尊崇其祖先晋文公和体量庞大的晋国。在晋定公当政的时候，晋国已经出现"六卿"把持朝政的情况，并且出现了内乱，"六卿"中的范氏、中行氏被踢出局，流亡到齐国。反观吴王夫差，他把偏居一方的吴国带入了列国的政治中心，接连挑战传统的大国和强国——楚国、齐国、晋国，这确实是了不起的成绩。从这个角度来说，不能否定吴王夫差的能力。他的问题与秦始皇、汉武帝是一样的，把几代人的力量都给用尽了，给按揭贷款、提前预支了。有些事情不是一代人就能完成的，可是他们想一代完成，在有生之年就要看到结果，于是才会拔苗助长。

对，拔苗助长，这个词用来形容这几个人是非常恰当的。落到吴王夫差身上，就是说，他的急于求成脱离了吴国的经济体量和经济增长速度，而经济基础决定上层建筑。从军事上看，吴国已经具有了大国的气势，然而从经济上看，吴国依然是个小国。经过几代吴王的努力，吴国的右臂（军事力量）已经和一个重量级拳击手没有差别了，但是他的双腿和左臂（经济力量）依然是轻量级拳击手的水平。凭着一股锐气，吴国挑战了很多重量级拳击手，取得了胜利，可是在持久战中难免落败。

伍子胥看到了这个问题，他一直坚持"兼并战争"的战略，想彻底吞并越国。如果吴越一体，开发好长三角经济区，就具有问鼎中原的经济实力了。其实，伍子胥不是不同意"北进战略"，关键是这个战略何时推进、如何推进的问题。但是，吴王夫差迫不及待，根本没有从容策划的心境。

虽然史料记载不尽相同，但是认定吴王夫差为霸主，还是可信的。只是他这个霸主当得勉强，当得太累，就好像一家根本没有建立好营利模式，却通过资本运作上市了的公司，看着体量越来越大，实际上是空心的。市场打一个喷嚏，都可能引起这家企业重感冒。尤其是身边还有一个咬牙切齿地努力奋斗的越国，这让吴国的霸业显得脆弱不堪，因此可以说，吴王夫差努力了十多年，只是得到了霸主的虚名，并没有获得霸主的实际，这是任何组织的决策人都不能不慎重思考的问题——图虚名而处实祸，这可是几千年都不断在上演的悲剧故事。正因为如此，吴王夫差的霸主地位，才会引起这么大的争议。

关于他在黄池大会时获得了越国偷袭的消息后，是应该立刻回转支援，还是应该继续争霸，这是见仁见智的问题。笔者坚持认为，后方不稳，前方的所有努力都没有意义。有人认为，争当霸主倾注了吴王夫差半生的心血，如果半途而废，或者没有争得霸主的光环，吴国立刻会陷入各国的围攻之中，会立刻导致吴国的彻底崩盘。这样考虑也有道理，但还是回到了上面那个问题，这个霸主不是名副其实的，当得太累了。

盟会结束后，吴王夫差心急如火地往回赶，途中连续接到告急文书。士卒知道后方被袭，心胆俱碎，而且远行疲惫，全无斗志，与越军一触即溃。夫差大惧，对伯嚭说："你不是说越王不会反吗？怎么他自食前言了呢？今日之事，你赶快给我摆平，否则，伍子胥自杀用的属镂剑还在，这次就轮到你了。"伯嚭吓得屁滚尿流，赶忙到越国军营去请和，以前收越王的礼物，如今加倍吐还。范蠡对勾践说："我们还没有能力吞并吴国，不如顺水推舟送伯嚭一个人情。如今吴国元气已伤，再也不会振作了。"勾践这才答应退兵，凯旋。

至此，形势逆转，勾践苦尽甘来了。

第十八章　蒙羞脸夫差自尽　左传里伯嚭复活

　　四年以后，勾践听说夫差荒于酒色，不思振作，加上吴国连年饥荒，人民愁怨，于是尽起精兵，大举伐吴。刚出郊外，在路旁见到一只青蛙目睁腹胀，似有怒气，勾践肃然而起，伏在车前的横木上向鼓足气的青蛙敬礼。左右问道："大王在向谁敬礼呢？"勾践说："我见怒蛙如同好斗的勇士，所以特别敬服。"士卒都道："我们大王连怒蛙都敬重，我们越国壮士受了这么多年的窝囊气难道连怒蛙都不如吗？"于是他们相互劝勉，以战死沙场、马革裹尸为志（成语"怒蛙可式"。式，是指伏在车前横木上致敬，比喻敬重武士。记载于《韩非子·内储说上》："出见怒蛙，乃为之式。"）。越国人来到郊外送别子弟兵，全都涕泣诀别，互相说道："此次出征不灭吴国誓不相见！"勾践看民心可用，士气已旺，就下令道：父子俱在军中，父亲回家；兄弟俱在军中，兄长退伍；是独生子的，归养父母；有病不能出征的，回乡疗养。于是欢声雷动，国人感激越王的仁德。然后勾践诛杀有罪之人，重申军纪，整支队伍的面貌焕然

吴越论剑

一新。

越军骁勇善战,加上吴国精锐在连年对齐、晋的战争中损失殆尽,所以吴军接连败北。越军包围吴国都城,丝毫不给喘息机会,一鼓作气,把吴王围困在姑苏山上。这个场景好像复制了勾践当年被围会稽山上一样。历史重演了。这个姑苏是张继的名作《枫桥夜泊》("月落乌啼霜满天,江枫渔火对愁眠。姑苏城外寒山寺,夜半钟声到客船")中提到的姑苏,在苏州附近。苏州由于靠近姑苏山而得名,所以苏州也叫姑苏城。

吴王山穷水尽之时,就派使者袒露上身、跪地前行,向越王求和说:"孤立无援的臣子夫差冒昧地倾吐心声,从前曾在会稽山得罪过您,如今我不敢违背您的命令,若是您要诛杀我,我唯命是从,但此时此刻我的心情和您当年在会稽山上一样,希望您也能高抬贵手,放我一马,双方讲和,各自罢兵,永结盟好。"勾践心有不忍,想答应夫差。范蠡说:"当年的会稽山之败是老天要把越国赐给吴国,可吴王视而不见、逆天行事;如今老天要把吴国赐给越国,大王难道也想违背天意吗?况且大王历尽艰辛、忍常人所不能忍,难道不就是为了雪耻、为了报复吴国吗?大王为了这一天,足足谋划了二十余年,耗尽毕生心血,而今一旦放弃,您怎么向二十余年如一日与您同甘共苦、誓死拼杀的臣民交代?天予弗取,反受其咎,吴王的遭遇就是最好的明证,难道大王还想有一天重蹈覆辙,让会稽山的悲剧再次上演吗?"勾践说:"你的话有道理,可看到吴王的使者如此可怜,我真有点狠不下心来拒绝他。"范蠡于是击鼓进兵,说:"大王如今已把军政大权委托给我范蠡,将令在手,君命有所不受,吴国使者你赶快离去吧,不然可要得罪了。"吴国的使者哭泣着离去。

吴王夫差无可奈何之下,给范蠡和文种捎去了一封信,大意是说:

第十八章　蒙羞脸夫差自尽　左传里伯嚭复活

"我听闻狡兔死而良犬烹。敌国如灭，谋臣必亡。二位何不对吴网开一面，自留退路呢？"文种回信道："吴王你有六大过错。诛戮忠心耿耿的伍子胥，自毁长城，这是其一；诛杀直言敢谏的公孙圣，文过饰非，这是其二；太宰伯嚭好进谗言，无耻至极，反而受到重用，这是其三；多次无中生有，罗织罪名，讨伐齐、晋等无罪之国，这是其四；吴、越接壤，本来井水不犯河水，甚至应该睦邻友好，可是你国无端侵扰，这是其五；越国杀你的先父，不知报仇，反而纵敌遗患，这是其六。犯此六条过错，获罪于天，现在想免除诛罚，真是痴人说梦。要知天网恢恢，疏而不漏。现在惩罚你的时刻到了。""六罪说"见《吴越春秋·夫差内传》。

勾践倒没有绝情到底，挺可怜夫差的，对他说："我要把你安置在我越国境内的甬东，统领百户人家，你看怎么样？"夫差辞谢道："我已经老了，没有精力侍奉君王了。"

夫差告诉手下人道："我死之后，把我的双眼蒙起来。若真是黄泉有知，我没有脸面去见伍子胥呀！即使没有在天之灵，我也死不瞑目，因为我愧对生者。"于是伏剑而死。

吴国灭亡。

勾践进入吴国都城，百官称贺，伯嚭也在其中，自恃当年曾帮越王周旋，有功于越，面上显出得意的神色。勾践说："你不是吴国的太宰吗？我怎么敢让你称臣？你的君王埋在卑犹山，你怎么还留在这里呢？要知道，忠君爱国是做臣子的基本道德操守。"一席话把伯嚭羞得面红耳赤。后来勾践派力士杀了伯嚭，并灭了他全家。

在楚汉战争时，项羽手下有一个叫丁公的将领，有一次追击刘邦，刘邦穷途末路了，只好转过来求丁公放他一马，丁公心慈手软放过刘

吴越论剑

邦。刘邦取得天下之后,丁公主动请功,结果让刘邦斩首示众了。这不能说刘邦心狠手辣,只能怨丁公没有原则。

◎**吴王夫差与越王勾践的情况**

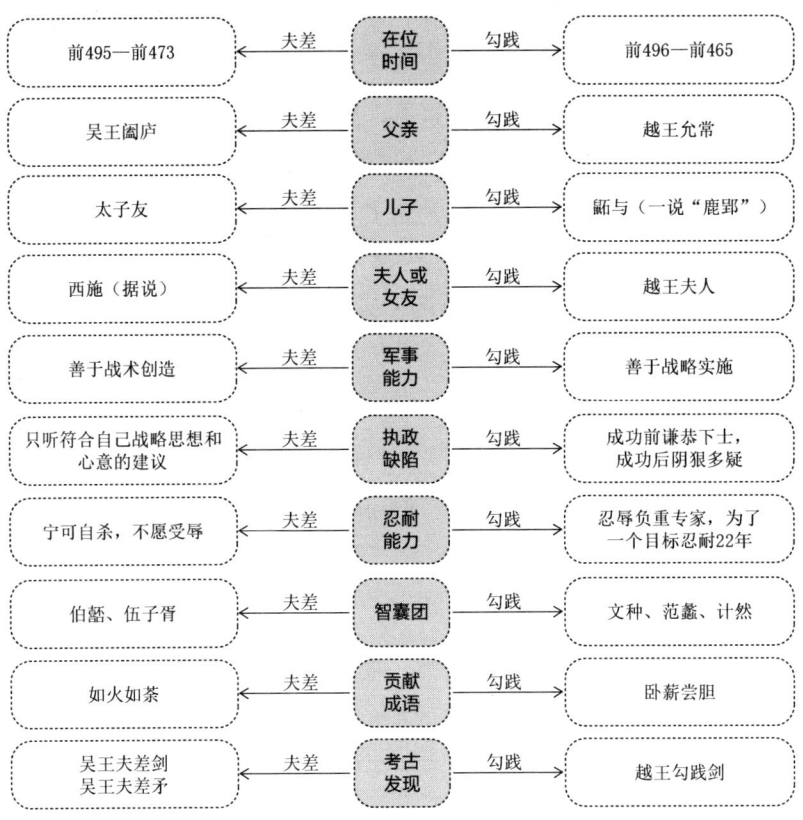

关于伯嚭的结局,还需要做个说明。

《史记·吴太伯世家》:"越王灭吴,诛太宰嚭,以为不忠,而归。"
《史记·越王勾践世家》:"越王乃葬吴王而诛太宰嚭。"

第十八章　蒙羞脸夫差自尽　左传里伯嚭复活

《史记·伍子胥列传》："越王勾践遂灭吴，杀王夫差；而诛太宰嚭，以不忠于其君，而外受重赂。"

《史记·仲尼弟子列传》："杀夫差而戮其相（指太宰嚭）。"

《吴越春秋·夫差内传》："越王谓太宰嚭曰：'子为臣，不忠无信，亡国灭君。'乃诛嚭并妻子。"

《越绝书·请籴内传》："越王葬（夫差）于卑犹之山，杀太宰嚭、逢同与其妻子。"

查《国语·吴语》和《国语·越语》，未见关于伯嚭结局的记载。

在《左传·哀公二十四年》中，出现了"太宰嚭"的记载，大意是说，鲁哀公流亡到越国，因为与越国太子关系很好，太子准备把女儿嫁给他，并要多给他一些土地。当时鲁国也出现了类似晋国、齐国的情况，晋国是"六卿专政"，齐国是"田氏专政"，鲁国是"三桓专政"，国君都处于权力被架空的窘境中。

"三桓"的来历要追溯到鲁桓公（公元前711年至公元前694年）、鲁庄公（公元前693年至公元前662年）时代，鲁庄公继承鲁国国君之位，其他几个弟弟，庆父（孟孙氏之祖）、叔牙（叔孙氏之祖）、季友（季孙氏之祖）被分封，他们的后代不断发展壮大，开始侵夺鲁国公室之权，因为这三家的始祖都是鲁桓公的儿子，因此称为"三桓"。

如果越国太子把女儿嫁给了鲁哀公，并且提供土地给他，那么鲁哀公的实力将增强，于是有人把消息透露给了季孙。这个季孙应该是季康子（？—公元前468年），因为鲁哀公二十四年是公元前471年，正是在季康子当政的时间范围内。季康子曾在孔子弟子冉求、樊迟的帮助下，击退过齐军的进攻，又曾经加入过吴国阵营，参与过艾陵之战（公元前484年），打败过齐军。如今，他听说了越国太子的想法，《左传》记载为"季孙惧，使因大（太）宰嚭而纳赂焉，乃止"，意思是说，季孙害怕，派人走太宰嚭的门路并送上财礼，事情才得中止。

鲁哀公二十四年是公元前471年，而越灭吴是鲁哀公二十二年，即公元前473年，是两年前的事情。按照《左传》的记载，伯嚭并没有死，好像在越国又当上了太宰，生存能力极强。在《史记》中，他死得妥妥的。可能是司马迁恨此类人，一支笔把他写死了，但实际上他并没有死，还在继续祸害越国。

如果《左传》的记载是正确的，那么说明伯嚭依然死性不改，依然贪赃受贿。

其实，伯嚭是一个非常有能力的人，只是他有才无德。他曾经为吴国的富强贡献过力量，在吴王阖庐时代，他与伍子胥一直是吴王的左膀右臂。他是一个什么样的人呢？就是一个为了个人利益而奋斗的人。吴国灭亡了，他可以去越国；越国灭亡了，他可以去齐国；如果大家都灭亡了，他就成了老大。他没有信仰，他的信仰就是好好爱惜自己。伍子胥是社稷之臣，能与国家共存亡，可伯嚭永远不会做这样的傻事，他追求的是现实利益。

第十九章　性油滑纵君之恶　爱己身有才无德

《越绝书》有一段对伯嚭的记载，据笔者所知，它是典籍中记载得最详细的，通过它可以看到伯嚭的为人。

《越绝书》原文如下：

太宰者，官号，嚭者，名也，伯州之孙。伯州为楚臣，以过诛，嚭以困奔于吴。是时吴王阖庐伐楚，悉召楚仇而近之。嚭为人览闻辩见，目达耳通，诸事无所不知。因其时自纳于吴，言伐楚之利。阖庐用之伐楚，令子胥、孙武与嚭将师入郢，有大功。还，吴王以嚭为太宰，位高权盛，专邦之枋（通"柄"，权柄）。未久，阖庐卒，嚭见夫差内无柱石之坚，外无断割之势，谀心自纳，操独断之利，夫差终以从焉。而忠臣龠（yuè，在此应该通"钥"。锁钥，指忠臣之口好像被锁起来一样）口，不得一言。嚭知往而不知来，夫差至死，悔不早诛。传曰："见清知浊，见曲知直，人君选士，各象其德。"夫差浅短，以是与嚭专权，伍胥为之惑，是之谓也。

大致意思是：

太宰是吴国的官名，嚭是人名，是伯州（犁）的孙子。伯州（犁）是楚国的大臣，因为有过失而被杀害，于是，处于困境中的伯嚭逃亡到了吴国。当时，吴王阖庐正准备进攻楚国，于是把楚国的仇人都召集到手下。伯嚭为人，见多识广，口才极好，听过看过的事情，没有记不住说不出的。于是，他趁着吴王阖庐有伐楚的志向，就投奔到了吴国，大讲特讲伐楚的好处。阖庐重用了他，让他和伍子胥、孙武一起率军攻入楚国的首都郢，立下了大功。回吴国后，吴王阖庐任命伯嚭为太宰。他职位高，权势盛，把持了吴国的朝政。后来，阖庐去世，夫差继位。太宰嚭发现刚刚继位的夫差，对于朝廷事、国家事、列国事都不了解，内心没有定见，也缺少决断外事的经验和能力（"夫差内无柱石之坚，外无断割之势。"此时夫差刚刚登基，对所有的情况都不是十分了解，满脸懵，不敢轻易下决断，因此，伯嚭乘虚而入），于是，他主动去侍奉夫差。在帮助夫差熟悉吴王事务的过程中，他施加了自己的影响，终于能够继续专断朝政，而夫差对他也言听计从。但是，伯嚭在夫差那里得势之后，就像在忠臣和夫差之间加了一道屏障，其他意见再也难被夫差接纳了。伯嚭治国，只凭着过往经验，没有前瞻性眼光。夫差直到临死，才后悔没有早把伯嚭除掉。书传上说："通过清才能对比出浊，通过曲才能对比出直；国君选拔的人才，大多数还是与国君自己的品性和德行相符合的。"夫差目光短浅，因此太宰嚭才得势、得以专权独行。伯嚭刚来吴国的时候，伍子胥被伯嚭迷惑了，曾经极力推荐他。

通过这一段记载，可以解读到如下信息：

（1）伯嚭"览闻辩见，目达耳通，诸事无所不知"，可见这人记忆力好，知识面广，口才出众，才能肯定是有的。

第十九章 性油滑纵君之恶 爱己身有才无德

（2）伯嚭来到吴国正当其时，正好赶在吴王阖庐准备大规模报复楚国时，而且他的家族遭难，很容易获得阖庐的信任。加上，他和伍子胥了解楚国朝廷内部的情况，正是得力助手。

（3）吴王阖庐九年（公元前506年）的那次大规模伐楚战役，具体策划和执行，是由伍子胥、孙武和伯嚭共同完成的，伯嚭是立了功的。

（4）伯嚭担任太宰，是出于吴王阖庐的任命。在吴王阖庐当政之时，伯嚭把自己的恶德深深隐藏起来了，因为阖庐不是昏君，并不只听他一个人的建议。

（5）认识一个人还是比较困难的。阖庐、夫差、伍子胥都没有认识到真正的伯嚭，当时对他认识比较深刻的是孙武和被离。《吴越春秋·阖庐内传》记载了被离对伍子胥说的一句话"吾观喜（白喜，即伯嚭）之为人，鹰视虎步，专功擅杀之性，不可亲也"。被离认为伯嚭追求功利、心狠手辣、不可亲近，然而伍子胥不认可这个说法，他当时认为伯嚭的经历和自己相仿，应该"同病相怜、同忧相救"。

（6）伯嚭工于心计，在夫差刚当吴王、行政经验不足的时候，他在全力"帮忙"的同时，也把自己的价值观灌输给了夫差，因此，后来夫差不仅把大权交给他，还只认同他的建议，而伍子胥等人的建议，很难得到夫差的认同。等到夫差有了自己的主见之后，伯嚭就全力逢迎，没有不同意见和反对意见，全是赞同意见。

（7）伯嚭只凭着过去的经验进行管理，缺乏战略眼光，缺乏创新的勇气，很难对国内外的新变化做出准确的判断。尊重经验固然是对的，但如果只依靠经验做事，思维就永远在一个小圈子里转。自以为是者和部分年龄偏大者，比较迷信自己的经验，尤其是自己的"成功经验"，这就进入"经验主义"魔咒了。

（8）夫差直到临死，才正确认识到了伍子胥和伯嚭孰是孰非，可见知人之难。夫差能在生命最后关头认识到这个问题，还是值得称赞的。朝闻道，夕死可矣。

（9）物以类聚，人以群分。国君什么样，就喜欢什么样的臣子。伯嚭的得势，是与夫差的眼光、品性相匹配的。交朋友用这样的思路没有问题，但是掌握公共权力的人组建团队用这样的思路，有一天恐怕要自食恶果。

（10）不论伯嚭个人才能如何，他终究是一个团队里的害群之马。

在《史记·仲尼弟子列传》中，子贡在各国纵横捭阖之时，曾经在越王勾践面前，对伯嚭做过精彩的评价："子胥以谏死，太宰嚭用事，顺君之过以安其私：是残国之治也。"意思是说，伍子胥因劝谏而被处死，太宰伯嚭专权，用迎合主上过失的办法来巩固个人的权位和私利：这是国家行将灭亡的征兆啊。

有人说伯嚭懂得吴王的战略并执行吴王的战略，而伍子胥不懂吴王的战略还不会说话云云。伯嚭其实不是懂不懂吴王战略的问题，而是"顺君之过以安其私"，吴王的任何战略他"都懂""都支持"。吴王看不清局势，为了博得仁爱的美名，想要放过越国，而他接受了贿赂，坚决支持领导的"英明"决定。吴王北上争霸，时机明显不成熟，但他依然"理解的执行，不理解的也执行"。他这不是懂吴王的战略，而是为了自己的权位，"顺君之过"而已。

当然了，每个人都有生存权，大家都是为了混口饭吃。正是因为有吴王夫差这样的人，伯嚭这样的人才有生存空间。也正是因为有伯嚭这样的人，吴王夫差才越来越膨胀。

有的人在人间走一遭，是为了创造正向价值。有的人也创造价值，

第十九章 性油滑纵君之恶 爱己身有才无德

但是,是通过当"反面教材"来创造价值。

想要学习伯嚭,有这样几个秘诀:不要脸、无原则、没信仰。这样的人哪怕长命百岁,也只是一台精致的"造粪机器"。

说完伯嚭,再来说勾践。灭吴之后,勾践行情大涨。当时名义上的国家元首周朝天子派人来正式册封他,其他诸侯也派出使节祝贺他。勾践把吴国侵占他国的土地都给退了回去,更让人直竖大拇指。

这时,越军横行于长江、淮河以东,勾践号称霸王。

第廿章　寡情义鸟尽弓藏　知进退明哲保身

勾践能有今天，范蠡与文种功不可没。范蠡侍奉勾践，殚精竭虑、不避险阻，帮助勾践苦心经营了二十多年，终于灭掉吴国，洗刷了越国的耻辱，进而指挥越军北上，逼近齐、晋两国，在中原发号施令，尊崇周室，使勾践称霸。

返回越国后，范蠡认为盛名之下，难以久居，而且他深知，勾践这个人只可共患难，难以同富贵，所以写信辞别勾践道："我听说君主有忧患，臣子就该为主分忧；君主受辱，臣子就该奋不顾身地为主复仇。当时大王在会稽受辱，我之所以隐忍苟活，没有自杀，就是为了有朝一日能报仇雪耻。现在虽然雪洗了耻辱，但我请求受到惩罚，因为我曾经让您遭受耻辱，请判我死罪。"勾践说："不要这么说，你只有功劳没有罪过，我将分出一部分国土封赏你。你若拒绝，我可真要惩罚你了。"范蠡说："尽管大王已下达命令，但是我心意已决，恕难奉命。"他就装上贵重之物，与随从私自乘船漂洋过海离开，再也没有返回越国。

第廿章　寡情义鸟尽弓藏　知进退明哲保身

勾践为了表彰范蠡的功绩，把会稽山封为他的食邑，又派能工巧匠按照范蠡的容貌铸了一座栩栩如生的铜像，放在自己的座位旁边，显示自己不忘功臣。

范蠡离开之后，勾践问文种能否把他追回来。文种说："范蠡有鬼神不测之机，肯定追不到了。"后来文种接到范蠡一封信，写道："飞鸟尽，良弓藏；狡兔死，走狗烹（成语"鸟尽弓藏"）。越王为人长颈鸟喙（hui。古人把脖子细长、嘴像鸟嘴那样尖的容貌，当作刻薄寡恩的象征，秦始皇的容貌也如此描写），可与共患难，不可与共乐。子何不去？"（《史记·越王勾践世家》）范蠡的意思：有势不可使尽，有福不可享尽，功成身退，不亦乐乎？

文种看后心情沉重，但还不是十分相信，认为范蠡过虑了。后来勾践不但没有封赏这些老臣，还日渐疏远他们，文种这才对范蠡的智慧深为叹服，于是称病不上朝。

有与文种不和的人进谗言道："文种认为功大赏薄，心怀怨望，所以不来朝见大王，正积极策划谋反作乱的事呢！"勾践深知文种的才能，认为吴国已灭，再也用不着他了，于是在探病时，把佩剑解下，说道："我听说志士不忧身死，而忧不能行其道。你教给我七条讨伐吴国的计策，我只用了三条就打败了吴国，还有四条没用上，怎么办呢？作为一个有志之士，你已实现人生理想，必定死而无憾。你为我到死去的先王那里试试其余四条计策吧。"勾践起身离开，文种发现他留下的宝剑是属镂剑，正是吴王夫差赐给伍子胥的宝剑。文种仰天叹息道："我不听范蠡的话，才落到今天这个地步，我真是愚蠢透顶，唯一能得到安慰的是后代人会把我与忠肝义胆的伍子胥相提并论，我也无恨了。"遂伏剑而死。

后人传说文种和伍子胥形影不离。如今钱塘江上，海潮重叠，前为子胥，后为文种。当然这种传说只是寄托了人们的惋惜之情与哀思罢了。

夫差咎由自取、自杀身亡，勾践龙骧虎步、称霸中原，伍员（yún）忠心不二却饮恨而终，文种贪名爱利却事与愿违，伯嚭多行不义必自毙，范蠡则功成身退、四海为家。那么风华绝代的西施哪里去了呢？一种说法是她与范蠡一同飘然而去，但这个理想的大团圆结局可能只是一个美好的传说。传说范蠡"载去西施岂无意，恐留倾国误君王"，意思是说，范蠡怕勾践也迷恋西施，走夫差覆亡的老路，这才出于忠心让她迷惑自己吧，给带走了。但有人提出反对意见，说范蠡离开时匆匆忙忙连家小都没带走，怎么会带走西施呢？他的家小是后来秘密接走的。另一种说法是她被沉江了。传说勾践胜利班师时，把西施带上了，而勾践夫人偷偷地把西施绑上大石，沉于江中，说："这是亡国之物，留下何用？"也有说这件事是范蠡安排的。反正这是一个无头公案。

第廿一章　想救人兄弟情深　疑被耍反戈一击

那个范蠡到底去哪里了呢？他沿海北上到了齐国，更改姓名，自称"鸱（chī）夷子皮"。"鸱夷"是指革囊（为生牛皮，一说为马革），伍子胥死后就被装在这种革囊中了，有可能范蠡自认有罪，才取了这个名号。他和儿子们在海边治理产业，吃苦耐劳，经营有道，没过多久就成了"千万富豪"。齐国人听说他贤能，就请他做相国。范蠡叹息道："经商积聚千金，为官做到相国，对于普通百姓来说，这已是顶点了。长久享受尊名，不吉利。"于是归还相印，散了部分家财给朋友和乡亲，带着珍珠宝玉秘密离去，到陶（邑名，今山东菏泽定陶西北。春秋时属宋，战国时属齐）地定居，自称"陶朱公"。他认为陶地是天下的中心，四通八达利于经商。他们父子又开始辛勤耕作，也经营畜牧业，能把握商机，贱买贵卖，尽管只追求十分之一的利润，但没过多久，就成了"亿万富翁"。天下人都称道陶朱公，不以富贵而骄人，惜老恤贫。人们都惊服于他的商业头脑。"陶朱公"三个字就是财富的象征。后来有人写了一

吴越论剑

◎鸱夷

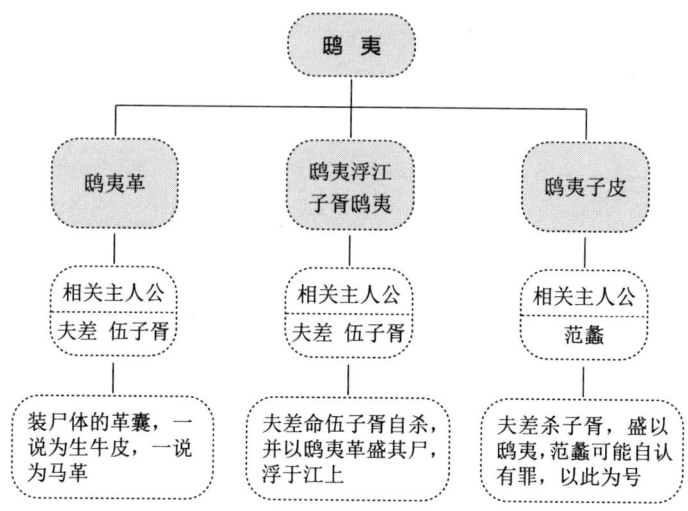

本畅销书《致富奇书》,据说写的就是范蠡经商的秘术。

陶朱公范蠡有三个儿子,最小的儿子是他定居陶地时生的。在老三成年的时候,老二因为杀人被囚禁在楚国。范蠡说:"杀人偿命,欠债还钱,这是天经地义的事。然而我听说,富贵之家的子弟,怎么也不至于暴尸街头、任人践踏。"于是他想派遣老三前往楚国探视,若是能够把老二解救回来最为理想。他给老三准备了黄金一千镒,藏在黑褐色的器皿中,用牛车载运,让老三到楚国以后见机行事。老三刚要启程,老大却向范蠡请求前往,范蠡坚决不答应。老大说:"古语道'长女如母,长子如父',长子应该是家里的顶梁柱。如今二弟有罪,父亲不派我,却派三弟去,这分明是讥讽我无德无能,若如此,我活在世间还有什么意思?"说完就想自杀。他母亲帮腔道:"现在派小儿子去,也前途未卜,谁也不确定能救出老二。若是再白白搭上老大的命,那怎么行

第廿一章　想救人兄弟情深　疑被耍反戈一击

呢？"范蠡不得已，只得改派老大去，并且让老大随身带了一封他给老朋友庄生的亲笔信，叮嘱道："到了楚国，把千金送到庄生的家里，然后一切听从他的吩咐。记住，一切事任他办理，千万不要和他争长论短。"老大走时，又私自带了数百镒黄金。

到达楚国后，老大打听到了庄生的住所，一看房子背靠城墙，要拨开满地的杂草才能到达他的家里。他家徒四壁，十分贫困。然而老大丝毫不敢怠慢，按照父亲的吩咐，送上千金和父亲的亲笔信。庄生看完信后，说道："你千万不可久留此地，马上离开，不要节外生枝。即使你弟弟被放出来，你也不要问为什么，一切由我料理。"老大离开庄生家后并没有兑现承诺。他私自留在楚国，虽然对庄生避而不见，却挖窗户找门路，把自己携带的黄金送给了楚国的当权派。说到底，老大不太信任庄生。

庄生虽然一贫如洗，但并不是没有能力。他的正直廉洁闻名全国，从楚王以下都把他当老师一样敬重，对他言听计从。那收下这份重礼，是否表明他是一个道貌岸然的伪君子？不是。他收下这份礼物，只是想等事情办成后再物归原主。若马上推辞，庄生怕老大以为他不想尽力，或者嫌礼物少要趁火打劫敲诈钱财，所以这份礼物他必须先收下，但他又叮嘱妻子说："这是陶朱公的黄金，不可妄动分毫。如果我得暴病来不及交代你，你记住要归还原主，这关乎我一生的名节，你千万莫起贪婪之念。"庄生把事情交代得相当清楚，也对解救范蠡儿子这件事胸有成竹。可老大只知看事情的表面，不理解庄生的深意，还以为黄金送给庄生肯定是竹篮打水一场空呢，所以才私自行动。

庄生找了一个适当的时机向楚王进言道："天上的某星移动到某位置，这将对楚国不利。"楚王向来对庄生敬若神明，就问："那该怎么办呢？"庄生说："只有推行恩德，广布仁义，才能避免灾害。"楚王说："先生不用说了，我将照办。"于是楚王派人把收藏"三钱"的"中央银行"的府库严密地封锁起来。所谓"三钱"，指三种颜色的钱，赤金、白金和黄金。楚王把"中央银行"的府库封锁起来是大赦天下的信号，因为怕走漏消息，有人趁机抢劫，如果正赶上特赦令，令出如山，即使抓住了抢劫的人，也只好放了。东汉灵帝时，就有人利用这个法律空子，让儿子杀死仇家，结果只拘押七天就被释放了。

范蠡长子贿赂的那个楚国贵人惊喜地告诉他说："大王将要大赦天下了。"老大问："何以见得呢？"贵人道："大王每次赦免囚犯之前，都要派人严守府库，而昨天晚上他恰恰派人封锁了府库，这可真是万千之喜。"范蠡的长子听完这话怅然若失。他不知道这个特赦令是怎么来的，只想若是楚国大赦，二弟自然会被释放，他开始心疼起"白白"送给庄生的黄金来，于是又去见庄生。庄生惊问："你还没走吗？"老大说："我一直留在楚国，我来的目的就是解救二弟，如果没有结果就离开，我心有不甘。如今好了，听说楚王商议大赦的事，二弟自然也会被释放，所以我特地来向先生辞行。"庄生还不知道老大心里的小九九？他这是想收回黄金哪，就说："你送我的黄金原封未动，自己进屋取吧。"老大就亲自去屋里取回黄金，心里还暗自庆幸。

事情就到此为止了吗？没有，这才刚刚开始。庄生因为被小儿辈玩弄，深感耻辱，于是又对楚王说道："我上次说了星宿的事，大王说要推行恩德来为楚国百姓祈福。可如今我听路人议论纷纷，说陶地富人陶朱公的儿子杀了人，被囚禁在楚国，他家拿出大笔金钱贿赂大王身边的人，所以他们断言，大王并不是体恤楚国的百姓才实行大赦，完全是因为陶朱公儿子的缘故才施行恩惠。"楚王大怒道："我虽然没什么德行，

第廿一章　想救人兄弟情深　疑被耍反戈一击

但也不至于会被陶朱公的儿子左右施政措施。"于是下令处斩范蠡的二儿子，之后才下达特赦令。老大最终是凄惨地带着二弟的尸体回家了。

到家以后，母亲等家人和陶邑的乡邻都很悲伤，只有范蠡独自发笑，说："事情的结果早就在我意料之中。老大一定会置老二于死地。他不是不爱自己的弟弟，而是舍不得花钱。老大自小就和我同甘共苦，知道谋生的艰难，所以过分重视财物。至于老三，他出生以后就像掉到了蜜罐里，整天飞鹰走狗、游手好闲、挥金如土、无所吝惜，怎么知道生活的艰辛呢？我打算派老三去就是这个道理，因为他为办成一件事舍得花钱，而老大却做不到，总怕花冤枉钱，所以最终害了老二。这是情理之中的事，没什么好悲伤的。我早就盼着把老二的尸体运回来了，让他入土为安吧。"这就是人情、人性、人事、人心。

第廿二章　隐君子浮舟沧海　陶朱公笑傲江湖

范蠡三次迁徙，每次行动前都要进行严格的评估和考察，每定居一地，必定功成名就。据说他最后老死在陶地。因为他最后定居陶地，所以自称"陶朱公"，而"陶朱公"一度成为"财神"的代名词。

◎中国四大财神

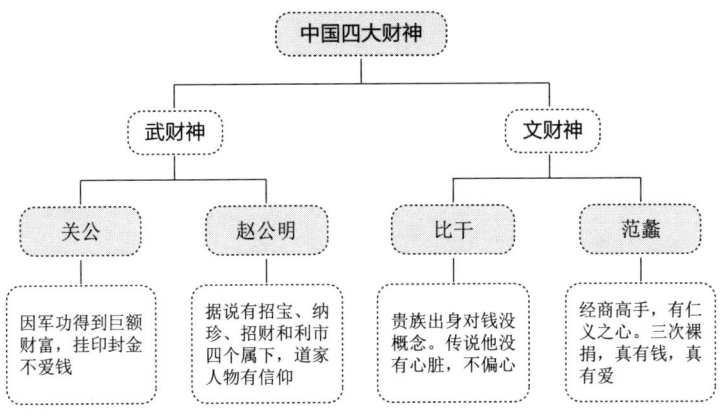

第廿二章　隐君子浮舟沧海　陶朱公笑傲江湖

司马迁在《史记·货殖列传》中说："渊深而鱼生之，山深而兽往之，人富而仁义附焉。"他认为仁义道德需要经济基础。

关于范蠡的致富神话，《史记·货殖列传》中有记载。司马迁认为，只要取之有道，人们追求财富是无可厚非的。他认为"天下熙熙，皆为利来；天下攘攘，皆为利往"（成语"熙熙攘攘"），赞同管仲的那句话"仓廪实而知礼节，衣食足而知荣辱"。他认为君子富裕，就会施行仁德之举；小人富裕，也会发挥余力。

笔者为什么喜欢《史记》？原因之一就是司马迁不是一个腐儒，而是一个能够用全面的、发展的、一分为二的观点看问题的大思想家，有穿透千古沧桑的洞察力。

贾谊在《过秦论》中评价陈胜时说他没有"陶朱、猗顿之富"，"陶朱"就是指陶朱公范蠡；猗顿也是一个富人，是靠畜牧和盐业起家的。黄易写的《寻秦记》想象力丰富，虽然情节荒诞不经，但是里面提到的乌氏倮（luǒ）和寡妇清倒是真有其人，《史记·货殖列传》中有记载。秦始皇见寡妇清能保住祖先产业，并且洁身自好，于是以客礼相待，尊她为贞妇，并为她修建"怀清台"。

据说前些年中国商界掀起的《孙子兵法》热，是由日本传来的。其实，最早应用兵法经商的是中国人。

《史记·货殖列传》记载了一个范蠡之后、战国初年的商人白圭的故事。他说："吾治生产，犹伊尹、吕尚之谋，孙吴用兵，商鞅行法是也。是故其智不足与权变，勇不足以决断，仁不能以取予，强不能有所守，虽欲学吾术，终不告之矣。"他所说的伊尹、吕尚，一个辅佐商汤建立商朝，一个辅佐周武王建立周朝；"孙"指孙武，"吴"指吴起；商鞅的变法更是闻名遐迩。在中国传统文化中，这几个人经常被提到，而且经常这样搭配,他们的相同点是"智勇双全、勇于实践"。白圭认为自己是运用兵法和谋略经商,如果智慧不足以随机应变,勇气不足以当机立断,不够强毅,不知取舍,没有这些素质,即使想向他学习,他也不会教授。

越王勾践的后代怎么样了呢?从越王勾践起传到第六代越王无强时,因为受到齐威王的蛊惑,他去攻打楚国,结果兵败被杀,越国从此一蹶不振,四分五裂,同族的人争立,有的称王,有的称君,散布在江南沿海一带,都臣服于楚国。

又过了七代,越王勾践的后世子孙闽君摇,在秦末农民起义中帮助诸侯灭掉秦朝,又帮刘邦灭项,刘邦就封他为越王,让他继续供奉越国的祖先。

《史记》中有《东越列传》,这东越、闽君都是越王勾践的后代。但因为山高皇帝远,加上民风强悍,所以他们经常叛乱,或相互攻击。到了汉武帝时,汉武帝下令把原东越居民都向北迁移到江淮一带居住,东越这地方就空虚了。

司马迁评论说:大禹王的功绩可够大了,疏导九川,划定九州,影响一直到今天。到了他的后代子孙越王勾践时,夜以继日,苦身焦思,终于灭掉了不可一世的吴王夫差,向北对中原各国耀武扬威,率领诸侯尊崇周朝天子,号称霸主,难道能说勾践不贤能吗?大概他身上还有大禹的遗风吧。范蠡三次创业都能功成名就,流芳百世。臣子和君主都有过人之处,再加上配合默契,相得益彰,想要默默无闻,又怎么可能呢?

在《孙子兵法·九地篇》中有个成语叫"吴越同舟",同义词是"同舟共济"。吴国和越国是世仇,怎么能共同战胜困难呢?是因为他们

第廿二章　隐君子浮舟沧海　陶朱公笑傲江湖

◎吴越争霸中风云人物的结局

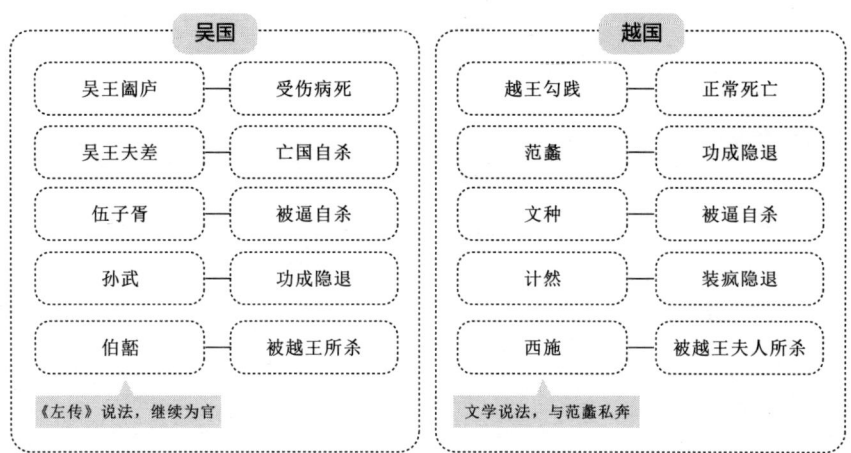

遇到了共同的困难，利害一致，这时要共同奋斗，一起渡过难关。

"吴越同舟"是化干戈为玉帛的典型。如今面对全球变暖、资源枯竭、恐怖主义、自然灾害等全人类共同的问题，国家之间确实不能为了蝇头小利而争斗，要"吴越同舟"。但是，我们绝对不能学习吴王夫差，绝对不能忘掉祖先遭受的侮辱。我们要有拥抱世界的胸怀，但是也一定不能忘了《农夫和蛇》的故事。

伍子胥传（故事篇）

> 白马曾骑踏海潮，由来吴地说前朝。
> 眼前多少不平事，愿与将军借宝刀。
> 　　　　　（明）唐寅《题伍子胥庙壁》

> 百金名剑轻鸿毛，芦中人去英雄逃。
> 衰草斜阳吟楚歌，阖庐吴市识吹箫。
> 平王墓前铜鞭举，十六年间心隐刀。
> 姑苏东门子胥眼，怒视钱塘浪滔滔。
> 　　　　嗣敏戏作咏史诗《伍子胥传》

第一章　楚平王寡廉鲜耻　费无忌狼狈为奸

　　伍子胥原名伍员，楚国人，在吴越争霸这段历史中有着举足轻重的地位。他曾与中国最伟大的军事家孙武同殿称臣，辅佐吴王阖庐争雄，后来又辅佐吴王夫差争霸，最后因为直言敢谏被赐死。他身负父仇，其可歌可泣的复仇经历让人叹为观止。

　　伍子胥的一生都被一种悲情所笼罩。当然，这种独特的人生经历无疑也为他的熠熠星辉增添了传奇色彩。此篇是根据《史记·伍子胥列传》而展开的。

　　伍子胥的父亲叫伍奢，大哥叫伍尚。他的祖先伍举，是"春秋五霸"之一楚庄王的臣子，以中正耿直的品性闻名楚国（《史记·楚世家》中记载，伍举劝谏楚庄王要"一鸣惊人"。关于这个成语的出处还有点争议，因为《史记·滑稽列传》中也记载，淳于髡劝谏齐威王要"一鸣惊人"），所以伍举的后代在楚国很有名气。

　　伍子胥有祖先遗风，因为进谏被人谗害致死。

伍子胥传（故事篇）

伍子胥生活在楚平王当政的时代（春秋时代末期），当时的太子叫建。其父伍奢做太子太傅，费无忌做太子少傅。伍奢正气凛然，深得太子建倚重。而费无忌卑鄙无耻，太子建十分厌恶他，他对太子建更是阳奉阴违。

后来楚平王派费无忌到秦国为太子建求婚，秦哀公就召集幕僚们商议。幕僚们都说楚国现在实力强大，应该答应这门亲事。于是，秦哀公同意把宗室的女儿伯嬴嫁给太子建。这是一桩政治婚姻。费无忌献上聘礼，把伯嬴迎娶回来。

在回国途中，费无忌就琢磨，太子不喜欢自己，越有权势对自己越不利，怎样才能离间楚王父子的关系呢？当看到伯嬴是一个绝色美女时，他眼睛一亮，想出了一条毒计。费无忌见伯嬴的陪嫁使女中有一个齐国女子，仪容端正，就想偷梁换柱。他对齐女说："我看你仪表不俗，有心要抬举你做个太子正妃，你若能按照我的吩咐做，并且不走漏丝毫风声，我保管你荣华富贵享用不尽。"齐女默许了。

费无忌提前一天回到宫中向楚平王汇报，说："秦女快到了，离都城只有百八十里路。"楚平王问："你见过她没有？长相如何？"费无忌知道楚平王是个酒色之徒，正想极力夸赞秦女的美貌，挑动他的邪心，谁知他有此一问，正中下怀，就说道："我见过的女子如过江之鲫，数不胜数，但从来没见过伯嬴这种倾国倾城的绝色，不但大王的后宫没有人与其匹敌，就是古今相传的美女，如妲己、骊姬（晋献公的爱姬），也徒有虚名，很难和她相提并论。"楚平王听完后，面皮通红，半晌不语，涎水流了一尺多长，徐徐叹道："我枉自称王，遇不到此等绝色，真是虚度一生呀！"费无忌屏退左右，密奏道："大王既然仰慕秦女的美色，为何不捷足先登占为己有？"楚平王还有点廉耻之心，说："既然

第一章　楚平王寡廉鲜耻　费无忌狼狈为奸

是为儿子娶的老婆，我这么做好像违背人伦了。"费无忌说："这没有什么大不了的，此女虽然是给太子迎娶的，但现在他们既然还没有拜堂成亲，就没有夫妻名分，大王迎入宫中，谁敢非议？"楚平王道："大臣们不敢说什么，但怎么能堵住太子的嘴呢？"费无忌说："我有一条偷梁换柱的妙计。我看陪嫁的队伍中有一个齐女才貌不凡，可冒充秦女。我先把秦女送进大王宫中，再把齐女送给太子，然后嘱咐她别泄露风声，大王您再把秦女安抚住，两相隐匿，必可天衣无缝、两全其美。"楚平王大喜过望，嘱咐费无忌机密行事。

于是，费无忌对秦国跟随来送亲的公子蒲说："楚国的婚礼习俗和其他国家不一样，新妇要先进王宫拜见公婆，然后才能成婚。"公子蒲没有异议，入乡随俗嘛。

于是，伯嬴不用苦熬，直接从儿媳妇当上了婆婆。楚平王总算没有白忙活一场，自己做了新郎。

费无忌因为这件事而更加受到宠幸。那个齐女倒也乐得装糊涂，当太子妃怎么也比当使女强。只是苦了太子建和伯嬴，一个空劳牵挂，一个枉自嗟叹，美好的愿望成了镜花水月。

楚平王怕太子建知道秦女被调包，就禁止太子建进后宫，连太子建母子见面都不可能了。楚平王和秦女朝夕宴饮，不理国政。世界上没有不透风的墙，楚平王的绯闻早已在外面传播得沸沸扬扬。

费无忌知道，如果被太子建察觉，自己就要大祸临头了。若是太子建冲冠一怒为红颜，趁机夺权，自己更是万劫不复。即使不这样，有一天太子建也会顺理成章地继位，那时自己还是没有好果子吃。一个人说了一句谎话，就要再说一百句谎话来掩饰。一个奸佞小人做了一件错事，就会再做一百件错事来掩盖。费无忌无疑就是这样的奸佞小人。于是，他向楚平王建言道："大王应该派太子镇守边关，这样，可保江山无虞、大王高枕无忧。而且调包之事，久则必泄，若是把太子支开，不是于国于家两利吗？"楚平王恍然大悟，就命令太子建镇守边关。

伍奢知道，让太子镇守边关，这肯定是费无忌在背后搞鬼，就劝说楚平王收回成命。费无忌这个老狐狸早就想到了这一层，提前向楚平王进言，让太子出征捎带上伍奢。于是，楚平王派伍奢辅佐太子，一起出城，自己落得个耳根清净。

太子建走后，楚平王把伯嬴册立为夫人，把太子建的生母蔡姬赶出都城。他捅破了这层窗户纸，太子建才知道中了父亲的调包计，然而木已成舟，无可奈何了。

伯嬴也十分不快，尽管深得楚平王宠爱，但哪个少女不喜欢风流潇洒的年轻夫君？如今整天面对行将就木的楚平王，她怎能提起兴致？楚平王知道自己配不上她，而且自己的手段还挺卑鄙，所以整天只能装聋作哑。楚平王倒是宝刀未老，一年以后伯嬴生一男孩。他爱如珍宝，就取名叫珍。

楚平王为了讨好伯嬴，答应要改立珍为王位继承人。费无忌忌惮太子建，怕有朝一日太子建继位会拿自己开刀，于是趁机谗毁道："我听说太子和伍奢有谋反之心，他们在外面联络诸侯为外援，大王不可不防备。"楚平王说："太子平时柔顺，怎么会有这种想法？"费无忌道："他因为伯嬴的缘故，早就心怀怨恨。他如今早晚练兵，常说要登基称王。若是被他得逞，大王就难以安枕了。如果大王不早想办法，我请求离开，逃到他国，免受诛戮。"

楚平王本身昏庸，加上色令智昏，早起了废掉太子建的心思，如今费无忌危言耸听，他就决定下诏废了太子建。

第一章　楚平王寡廉鲜耻　费无忌狼狈为奸

关于伯嬴，需要做一点补充说明。

《史记》上并没有记录伯嬴的名字，只说她是"秦女"。刘向编著的《古列女传·卷四·贞顺传》中称她为"楚平伯嬴"（伯一般是称呼老大的，可以译为"楚平王夫人，嬴大姐"），并记载："伯嬴者，秦穆公之女，楚平王之夫人，昭王之母也。"说她是"楚平王之夫人""昭王之母"对，但说她是"秦穆公之女"则是错误的。秦穆公在位时间为公元前659年到公元前621年，与齐桓公、晋文公同时代，秦哀公（《史记·秦始皇本纪》称其为秦毕公）在位时间为公元前536年到公元前501年，楚平王在位时间为公元前528年到公元前516年，楚昭王在位时间为公元前515年到公元前489年，因此，秦哀公和楚平王、楚昭王在位时间有重合之处，说伯嬴是秦哀公的姐妹或者女儿，比较可信，而说她是"秦穆公之女"肯定是错误的。有说伯嬴是秦哀公之父秦景公的女儿，即秦哀公的姐妹，这比较靠谱，但不知出处。关于楚平王为太子建娶秦女之事，《史记·秦本纪》《史记·楚世家》都有明确的记载。至于如何调包、是否用齐女替换，则没有明确的记载。《史记》上只说"更为太子娶"，为太子另娶他人。伯嬴所生之子为珍，太子建之母为蔡国女子，《史记》都有明确的记载。

另外，伯嬴之所以能够上列女传，是因为她能在国破家亡时保住贞洁。由于她和楚平王有巨大的年龄差，两个人应该只共同生活了七八年光景。楚平王去世后，她的儿子珍成为楚昭王。在前文提过，吴王阖庐九年，吴军攻入楚国都城郢，楚昭王出逃。他可能太匆忙了，竟然连自己的母亲都抛下了。吴军可能也有一切占领军的恶行，但是伯嬴手持利刃，并且痛斥吴王，使其惭愧地退却了。此后，她手不离刃，大有同归于尽的架势。申包胥去秦国，据说哭了七天七夜，打动了秦哀公，秦国发兵救楚，吴军退走。这些事记载在《古列女传》上，不知是否为"历史的真实"。

本篇以《史记·伍子胥列传》为主体，博采《吴越春秋》《越绝书》上的细节进行补充，包括下文中，有些细节具有传奇色彩，可当历史故事来读。请更多关注"性格的真实"，不必对细节一一考证。在此，广而告之。

第二章　谋太子城门失火　伍氏族惨成池鱼

　　费无忌道:"太子现在握有重兵,若是大张旗鼓地宣布废立,这是逼他起兵造反,他老师伍奢肯定会是同谋。大王不如先把伍奢召回,太子失去了左膀右臂,就不敢轻举妄动,然后再神不知鬼不觉地派兵袭击他,大王的祸患就可解除了。"楚平王同意了,就把伍奢召回都城问道:"太子有反叛之心,你知道吗?"伍奢为人刚直,直来直去地说道:"大王纳儿媳妇为妻就已经是大错了,如今又听信小人谗言疏远亲生骨肉,这是错上加错。您这么对待太子于心何忍?"这几句话让楚平王无言以对,恨不得找条地缝钻进去,可开弓已无回头箭,只能硬着头皮往前走了。他命人把伍奢囚禁起来。

　　费无忌奏道:"伍奢斥责大王纳伯嬴,可见他和太子一直心怀怨恨,当时的传言非虚。如今太子听说伍奢被捕,肯定要有所动作。"楚平王说:"我想铲除这个逆子,派谁好呢?"费无忌说:"若是另外派人去,太子必定会反抗,这样事情就闹大了,而且胜负难料,不如密令太子身边的司马奋扬,让他突袭太子,把太子就地正法。"

这个楚平王真是让人无法言说,被人唆使后,竟然要杀自己的儿子,而且言听计从,毫无异议。他密令司马奋扬:"杀太子,受上赏;纵太子,杀无赦。"司马奋扬得令,立即派心腹报告太子建道:"速速逃命,不然必死无疑。"那时齐女已生了一个叫胜的男孩,这一家三口连夜逃到宋国。

司马奋扬知道太子建已逃掉,就让手下将自己捆绑起来,押解到郢都来见楚平王,说道:"太子逃走了。"楚平王大怒道:"这道命令只有你我二人知道,还有谁能事先通知他?"司马奋扬说:"确实是我通知的。在太子受命驻守边关时,大王曾经告诫我说'侍奉太子就像侍奉寡人一样,不得心怀二意',所以我谨记此言,不敢违抗大王先前的命令,这才告知太子。后来想到这样做又违背大王现在的命令了,可是后悔已晚。"楚平王说:"你私自放走太子,现在还敢来见我,你不怕死吗?"司马奋扬说:"我若是违背大王先前的命令,是死罪;若是违背大王后来的命令,又因怕死而不来,是再犯死罪。而且我没有太子反叛的事实依据,杀之无名。只要大王的儿子能够活命,我死不足惜,荣幸至极。"楚平王面有愧色,良久说道:"你虽然违命,但是忠诚可嘉。"于是赦免了他的罪过,让他官复原职。

就这样,秦女所生之子珍被立为王位继承人,费无忌被封为太师。

费无忌又说道:"伍奢的两个儿子伍尚和伍员,都是人中龙凤。若让他们出奔到吴国,必然成为楚国的后患。何不让伍奢把他们叫来?说只要他们来就免除伍奢的死罪,他们孝顺父亲,必然应召而来,来了以后全部杀掉,即可根除楚国的祸患。"楚平王大喜,就提审伍奢,令左右拿来书写工具,对他说:"你教唆太子谋反,本来应该斩首示众,但

第二章 谋太子城门失火 伍氏族惨成池鱼

感念你们伍家对楚国有功，不忍加罪。你可以写信把你两个儿子召回郢都，改封官职，你自己可告老还乡。"伍奢知道楚平王使诈，想要把他们父子一网打尽，斩草除根，说道："我的长子伍尚，仁慈温顺，肯定一召即来；少子伍员为人刚毅果敢，能屈能伸，文能安邦，武能定国，必成大事。他极有洞察力，肯定不会来的。"楚平王道："你只要按照我说的做就可以了，即使不来也不是你的错。"伍奢就给两个儿子写了一封信，大意是说因自己直言强谏违抗王命，如今已是戴罪之身，但大王感念我们祖先于国有功，免除我一死，又有大臣提议要加封你等官职，你们可日夜赶来，如果迁延迟误，将是大逆不道云云。

于是，楚平王派使者把信送到伍尚手里。使者又说了一大堆谎话，什么大王误信人言囚禁令尊，大臣劝谏，说伍家世代忠良、绝无反意，大王幡然醒悟，不但不降罪于令尊，反而要加封你们兄弟二人。

第三章　兄弟俩同尽孝道　朋友间各起誓言

伍尚是个孝顺的人，听说父亲有难就要前往，找伍子胥商量。

这伍子胥是何等人物？有拔山扛鼎之勇、经天纬地之才。他一眼就看破了机关，对伍尚说道："大哥千万不要听信这种花言巧语。大王召我们兄弟回去，并不是想免除父亲的罪过并且加封我们，而是担心我们逃脱会产生祸患，因此才以父亲为人质，诳骗我们回去。若是我俩不回去，大王投鼠忌器，父亲尚能活命；若是回去，大王无后顾之忧，不仅父亲死得更快，我们兄弟俩也难逃毒手。我并非贪生怕死之人，可是这么白白送死有何益处？连杀父之仇都无人能报了。我们俩倒不如逃到外国，借助外力来雪洗父亲所受的耻辱。"伍尚说："我知道回去未必能保全父亲的性命，但是一旦能赦免父亲的罪过，我们见死不救，这不忠不孝的罪名怎么担当得起呢？父亲已写信召我们回去，回去还可能保全父亲大人，要是不回去，就只有眼睁睁地看着父亲被处死了，假使以后不能洗刷耻辱，这可真要被天下人耻笑了。"伍子胥叹道："与父亲一起被

第三章 兄弟俩同尽孝道 朋友间各起誓言

杀，何益于事？大哥若真要前往，兄弟可要告辞了。我定然为你们报仇雪恨。"伍尚说："父子情深，人之天性。若是能见父亲一面，我死也甘心。我的智力远不及兄弟你，我回都城，你可远奔他乡。我以能和父亲生死与共为孝，你以能为父亲报仇雪恨为孝，我们各行己志，从此不复相见了。"兄弟二人抱头痛哭。

伍子胥回到家里把大概情况告诉了妻子贾氏，说道："我想逃往他国，借兵来报父兄大仇，但不能照顾你，该怎么办呢？"贾氏勃然大怒道："大丈夫心怀父兄被杀的怨恨，如割肺肝。有仇不报非君子，怎能如此婆婆妈妈？你可以赶快逃走，不要挂念我。"于是自缢而亡。伍子胥痛哭流涕，简单安葬了贾氏的尸首以后，收拾包裹，藏弓佩剑而去。楚平王的使者想要拦截，伍子胥虎目圆睁，拉弓搭箭对准了他。使者知道伍子胥骁勇异常，也被他的威势所慑，不敢上前拦截。伍子胥趁机逃走，想到太子建在宋国，就准备前往宋国追随他。

伍奢听说伍子胥成功突围，仰天叹道："子胥不来，楚国从此无宁日矣。"伍尚被押解到国都之后，父子二人俱被杀戮，果然像伍子胥所预料的那样。

伍子胥在逃亡途中遇到了他八拜之交的异姓兄弟申包胥（原名公孙包胥，因为被封在申地，所以也称"申包胥"。百家姓中很多姓氏是用封地命名的）。他也是楚国的大臣。

两人一见面，伍子胥就把父兄被楚平王所杀之事简明扼要地讲述了一遍，申包胥听完后恻然动容，问他："那你今后有何打算呢？"伍子胥说："父母之仇，不共戴天。我要奔往他国，借兵复仇，唯有生嚼楚王的肉、车裂费无忌的身，方能出了胸中的恶气。"申包胥是一个谨守礼法的人，他说："楚王虽然无道，然而他是君王。你虽然抱屈含冤，然而你们伍家世代都是楚国的臣子。这君臣的名分早已确定，怎能如此欺君犯上呢？"伍子胥可不理这套清规戒律，他说："当年像夏桀、商纣这样的昏君被臣下杀死，仅仅因为他们不遵守道义罢了，可如今楚王的恶行罄（qìng）竹难书、令人发指。他霸占儿媳，道德沦丧；诛杀亲子，心狠手辣；任用奸臣，残害忠良；不理朝政，动摇国本。如此不仁不义之人真是不知人间还有什么羞耻事。我请兵伐楚，实际上是为楚国扫荡污秽，替天行道，更何况还有骨肉之仇？身兼国耻家仇若不灭掉楚国，我必自杀，因为我无面目再立于天地之间了。"申包胥看他咬牙切齿，知道多说无益，九头牛也拉不回来他了，就说道："我要是教唆你反抗楚王，那我是不忠；我要是打消你复仇的念头，那我是陷你于不孝的境地。你勉励吧！作为朋友，我不会泄露你的行踪和抱负，但是你若能倾覆楚国，我必能保全它；你若危及楚国的安全，我必能让它危而复安。"于是二人互道珍重，分道扬镳。

　　这两人后来果然都实现了各自的抱负。

　　由于出发点和思维方式不同，两人都对。

　　伍子胥逃到宋国见到了太子建。

第四章　太子建见利忘义　郑定公瓮中捉鳖

　　太子建与伍子胥二人立足未稳，就赶上了宋国发生内乱，于是又仓皇逃奔到郑国。

　　郑定公听说二人前来，大喜过望，因为他知道伍子胥是忠良之后，英才盖世，智勇双全，而且郑国与楚国闹得不可开交，来了这么一个优秀人物，正好为己所用，于是盛情款待了二人。

　　在以后的日子里，太子建与伍子胥每次见到郑定公时都要哭诉冤情，但郑定公知道郑国兵微将寡，很难与楚国公然对抗，就劝他们联络晋国，寻求外援。于是，伍子胥留在郑国，而太子建则出访晋国，寻求强力的外援。

　　谁知到了晋国以后，太子建却改变了出使的目的。那时晋国当政的国君是晋顷公。有人向晋顷公献计道："郑国国君惯会见风使舵，在晋楚之间摇摆不定，这已是不争的事实。如今太子建穷途末路逃到郑国，郑国国君必然宠信他，不加戒备。若是有太子建做内应，我们起兵伐郑，里应外合，必然成功，然后就把郑地封给他，那时予取予夺就可以随心所欲，然后再慢慢想办法攻击楚国，这岂不是条两全其美的妙计？"于是，晋顷公派人和太子建密商。

难怪太子建在楚国无法立足，他的大脑确实不行，竟然欣然应允。

怀着不可告人的目的返回郑国后，太子建找伍子胥秘密商议此事。伍子胥劝道："以前有人密谋偷袭郑国，结果事情败露，主谋人身首异处。想要颠覆一个国家是危险系数极高的行为，很少有成功的，这是其一。即使成功，靠侥幸得来的成果也肯定不能长久保持，而且晋国虎视眈眈，他们怎么能让您坐享其成？谁能保证他们不会过河拆桥？这是其二。郑国国君以诚相待，如果我们忘恩负义，以怨报德，这违背天理，上天不会保佑我们的，这是其三。有此三条不利条件，事情怎会成功？希望太子三思。"太子建说："可我已经答应晋国国君了。"伍子胥劝道："只要我们没有采取具体的行动，就没有铸成大错，一切都可以从头再来。即使郑国国君知道了，我们也可以推托，说当时迫不得已，才虚情假意地应承。如果采取了行动，那么这件事就再难辩解了。如果真这么做了，信义俱失，我们还怎么做人？您如果执意这么做，祸患立马可至。"

太子建贪欲已起，根本听不进伍子胥的话。他拿出钱财招募勇士，再结交郑定公的左右，希望那些人能帮助自己。被收买的人私下里都向他表示忠诚。后来晋顷公派人和他约定起事日期，那些人看他动上了真格，用钱能交下的都是些什么人，大家可想而知，于是有人就调转枪口，赶忙向郑定公告密。

郑定公不动声色，邀请太子建到后花园饮酒赏花。三杯酒下肚，郑定公问他："当初你失魂落魄，无处容身，是我好心收留了你，而且不

第四章　太子建见利忘义　郑定公瓮中捉鳖

曾怠慢你，可你为何还要谋害我？我真后悔自己引狼入室。"太子建还反复辩解，郑定公就把自首的那个人带出来和他当面对质，这下他蚂蚱的眼睛长长了，面红耳赤，吭吭哧哧说不出个子丑寅卯来了。郑定公大怒，当场就结果了他，又把收受贿赂不曾自首的二十多人杀了个干净。

当时，伍子胥正在宾馆当中，太子建的仆人逃了回去把情况说了，伍子胥立马带着太子建的儿子逃出郑国。考虑到如今真是山穷水尽了，伍子胥觉得只有投奔吴国才是唯一的出路。

第五章　过昭关一夜白头　遇贵人瞒天过海

伍子胥带着胜（太子建的儿子。楚国王族姓芈）逃亡，担心郑国人追来，一路昼伏夜行，经历了千辛万苦，来到陈国。他知道这种小国力量有限，根本不是久留之地，而且要复仇，只有依附大国。但是，有些大国制定政策只以国家利益为准绳，未必会为自己的恩怨妄动刀兵，而吴楚有世仇，两国战争频繁，吴国是最佳目的地。

若想到达吴国，只能通过一个叫昭关（位于吴楚交界处。此地应是进入吴国的必经之地，主流说法是在安徽含山北小岘山上。《史记》《吴越春秋》没有《伍子胥过昭关》的详细记载，它可能是一个民间传说）的隘口。此地两山对峙，形势险峻，只因为要抓捕他，现在是重兵把守。只要出了昭关，就可直奔吴国了。可是通关口岸上挂着他的画像，只要一露面，肯定被抓，他只好躲在树林里，徘徊不前。

这时，有一老丈看到伍子胥，见他相貌堂堂，就走过来搭话，问道："您是否姓伍？"伍子胥大惊道："老先生怎么会如此发问？"老人

第五章　过昭关一夜白头　遇贵人瞒天过海

说:"我是扁鹊的弟弟东皋公,年轻时周游列国行医,如今年老,隐居于此。数日前,昭关守将找我看病,我见昭关上悬有伍子胥形貌的画像,与你相似,所以才这么问。你不必害怕,可到寒舍一叙。"伍子胥看老人满面红光、鹤发童颜,有古柏苍劲之姿,像个得道高人,应该没有恶意,就随他而行。走了数里,来到一茅舍,东皋公请伍子胥进去。经过草堂,进入竹园,只见园中百花丛生,群莺飞翔。园后有土屋三间,内设竹床竹几。草厅中间的石桌上摆一把古琴,鼎中香烟袅袅。伍子胥一进此屋顿感清幽别致,烦虑顿消。

双方分宾主坐定,小童侍立招待。伍子胥见老人全无恶意,就坦诚相告:"这是楚国太子建之子,叫胜,我确实是伍子胥。您老人家是个忠厚的长者,我就真人面前不说假话了。我身负父兄被杀的切齿仇恨,我欲报此仇,这才要到吴国去想办法,希望您切勿泄密。"东皋公道:"老夫只有济人术,岂有杀人心。我这个地方相当隐秘,你即使住上个一年半载,也无人发觉。只是昭关飞鸟难过,你该怎么办呢?必须想出一个万全之策,方可无虞。"伍子胥跪下道:"先生好生之德子胥铭记于心,他日必有重报。"东皋公说:"此处荒僻无人,公子且宽心住几日,容我想出一条妙计来,送你们君臣过关。"

东皋公每日酒食款待,一住七日,绝口不提过关一事。如今伍子胥心中只有复仇一事,吃任何山珍海味都味同嚼蜡,头几天不便催促,过了七天,他忍不住说道:"先生的美意我没齿难忘,但是我大仇在心,度日如年,夜不能寐,生不如死。先生的盛情款待我只能心领了,希望您早点为我想个办法。"东皋公道:"老夫已考虑成熟,只是要等一个人来了以后才能施行。"

当天晚上,伍子胥卧而复起数次,绕室而走,苦苦思索。他想向东皋公告辞，孤身过关，但既怕强行通过反招杀身之祸，又怕当真辜负了人家的一番美意。若是继续等待，他又怕白白耽搁时日，而且不知道究竟要等谁来。一时间忧心忡忡，他身心如在芒刺之中，不知不觉间东方已发白。他竟然苦思了一整夜。

这时，东皋公叩门而入，见了伍子胥，大惊道："足下的须发怎么忽然改变了颜色？难道是愁思所致吗？"伍子胥不信，拿镜自照，才发现须发花白了。他扔掉镜子，大哭道："一事无成，双鬓已斑，难道这是天意吗？难道老天真就不开眼了吗？"东皋公劝道："公子不要悲伤，你这样反而有利。因为你姿容伟岸，让人过目难忘，所以很难蒙混过关。如今你双鬓斑白，一时难以辨认，正可施行我的计策。我前日和你说要等的那个人已来了，我的计策叫作'金蝉脱壳'。我请的这个朋友叫皇甫讷，他和你有几分相像，也是慷慨之士。当我把你的事和他说了以后，他马上就应允了下来。你把服装脱下来让他穿上，然后我对你二人分别易容，让他更像你，而你则打扮得猥琐不堪一些，扮作驼背的老仆，然后让皇甫讷大模大样地前行，故意引起守兵的注意，这时他们必然会来仔细盘查他，他再做出惊悸恐慌之状，那样便会以假乱真，在双方争辩之时，你可趁机走脱。守兵认为已擒到了伍子胥，对其他人必会放松戒备，加上你现在已形容大变，必能趁乱混出关隘，然后你就直奔吴国，千万不要耽搁。善后之事你不用过虑，我与昭关守将有旧，而且皇甫讷是皇甫讷，与伍子胥有何相干？我肯定能把他营救出来。"伍子胥当场叩头谢恩，说道："若有出头之日，定当重报。"东皋公说："老夫只是哀怜你蒙屈受冤，要成人之美，岂能奢望报答？"于是他们按计而行。

伍子胥果然有惊无险，出了昭关。正是"鲤鱼脱却金钩去，摆尾摇

第五章 过昭关一夜白头 遇贵人瞒天过海

头再不来"。

上面是戏剧性的版本。关于伍子胥过昭关,还有一个版本,记载在《吴越春秋》和《韩非子·说林上》上。在那里,他没有动用那么多的群众演员,只是靠着自己的智谋和口才虎口脱险。这符合一个战略家、军事家、政治家的生活实际。如果他不能摆平那种小的困厄,又怎么能在日后擒龙伏虎、指挥千军万马呢?当时,昭关守将要擒拿他,并解往国都。伍子胥连欺骗带吓唬地说:"大王之所以要搜捕我,是因为我有颗价值连城的宝珠。问题是,这颗宝珠已经丢失了。假如你把我押解到大王面前,我就说宝珠还在,但是被你私吞了。他捉拿我不是目的,索要宝珠才是真正目的,到时我看你怎么说?"守将一听,如果真的这样,自己将百口莫辩,不但无功,反而有过,于是,就放过了他。

第六章　渔丈人两肋插刀　浣纱女以死明志

伍子胥二人刚脱大难，又遇到一个难题。他遥望大江，只见浩浩茫茫，波涛万顷，岸边并无舟楫。他前阻于水，后虑追兵，心中焦急万分。忽然，见一渔翁逆水而来，子胥喜道："天无绝人之路啊！"于是大声呼喊："渔父速渡我！"那渔翁正准备收工回家，听见有人呼唤，就摇船过来。伍子胥二人急忙登舟，渔翁竹篙一点，飘然而去，不到一个时辰，安抵对岸。

渔翁说："我昨夜梦见一将星坠落在我的船上，我知道必有异人问渡，所以荡桨出来，与公子不期而遇，这真是天意。我看公子一表人才，的确不是常人，你可据实相告，不用隐瞒。"伍子胥就报上姓名，渔翁嗟呀不已、感慨万千，说："我看你面带饥色，我去给你取点饭来，请在此稍等片刻。"他就把船系在绿杨下，回村拿饭，可好久都没回来。伍子胥疑云顿起，对胜说："人心叵测，他是不是要聚众擒拿我等？"于是二人隐藏在芦花深处。

第六章　渔丈人两肋插刀　浣纱女以死明志

没过一会儿，渔翁孤身一人拿着麦饭和鲍鱼羹来到树下，一看没人，就高呼："芦中人！芦中人！渔父回来了！"伍子胥在芦中回应。渔翁说："我看你们饥饿，这才特地回去给你们拿饭，你们为何要躲藏起来呢？"伍子胥道："历经忧患，心中惶惶不安，这才步步为营，自我保护。本来是死生有命，富贵在天，如今是您让子胥再获新生，我怎能回避您呢？"就这样，君臣二人饱餐一顿。

临行时，伍子胥解下佩剑递给渔翁道："这把宝剑是先王所赐，从我祖父算起如今已有三代了，剑柄上镶有七颗宝石，价值百金，我就用它来报答您的大恩大德吧。"渔翁听后哈哈大笑，说道："我知道楚王下令：'谁抓获伍子胥，赏赐粮食五万石，封高等爵位。'我不贪图那样的大富大贵，难道还会在乎这百金的利益吗？而且壮士无剑则无法横行天下，这是你的必需品，我留着也没什么用。"伍子胥说："您既然不接受宝剑，那请告诉我您的尊姓大名，以图后报。"渔翁大怒道："楚王昏庸无道致使你含冤负屈，你胸怀大志，想有朝一日扭转乾坤，我这才不为名利，甘愿渡你过江，实在是被你的大仁大义所感动，而你只想日后以利益来报答，这真是小瞧我。施恩只图回报那是市井小人的想法，不是大丈夫所为。"伍子胥说："您这个大丈夫施恩不图报，我钦佩至极，但您越是这样，我越无法心安理得。您一定要告诉我姓名。"渔翁道："今日相逢，你是千里避难，逃之夭夭；我是纵虎归山，抗拒王命，我说出姓名有何益处？况且我浪迹天涯，行踪不定，你就是知道了我的姓名，我们敢保日后还能相见吗？万一机缘凑巧，真有相逢之日，那么我只称你为'芦中人'，而你唤我为'渔丈人'，只要有此暗语，我们肯定能确认彼此的身份。"他其实就是不想留下姓名。

这种具有高风亮节的真丈夫一向率性而为、光明磊落，斤斤计较于蝇头小利怎会成为真正的大丈夫？伍子胥欣然拜谢。

伍子胥走了几步，又转身对渔翁说："倘若有追兵赶来，切勿泄露我的行止。"他的这句话说坏了，断送了渔翁的一条性命。为什么呢？因为渔翁看伍子胥走而复还，再次叮嘱，知道他心中还有疑虑，于是仰天而叹道："我有德于他，他尚且心有疑忌，倘若追兵从别处渡河，追赶上他，我何以辩白？罢罢罢，人生自古谁无死，我好事做到底，就用一死来表明我的心迹吧！"说完解缆开船，摇到江心，倒翻小舟，溺水而死。

伍子胥见渔翁自溺，后悔万分，叹道："我得他而活，他为我而死，真是悲哀啊！"其实伍子胥用不着再叮嘱一遍了，渔翁要想邀功请赏，早就下手了，还用等伍子胥走了再报警？可见无风起浪是不足取的，一味心疑只能害人害己。

笔者作了一副不成文的对联：芦中人画蛇添足，以小人心度君子腹，千年犹叹；渔丈人高风亮节，为释君疑慷慨赴死，万古同钦！

湖北武昌附近，有一座"解剑亭"，据说是当年伍子胥解剑赠给渔翁的地方。

伍子胥二人死里逃生进入了吴国境内，性命可保无虞，但是又面临饥饿的考验。

他们走到溧阳的时候，饥饿难忍，遇到一女子，正在濑水（即溧水，在今江苏溧阳中部，现名南河）边洗纱布，其饭盒里有饭。伍子胥驻足问道："夫人能把饭卖给我吗？"女子垂头回道："我至今未婚，和老母住在一起，一向遵守妇道，怎么能向行人兜揽生意卖饭呢？"伍子胥只好说实话道："其实我是穷途末路了，想讨一顿饭来活命。夫人有体恤孤穷的品德，又顾及什么呢？"女子抬头见他状貌魁伟，说道："我

第六章　渔丈人两肋插刀　浣纱女以死明志

看公子仪表不俗，定非常人，以后肯定大有作为，我怎能拘泥于小节，眼睁睁地看着公子挨饿呢？"于是就把饭拿给他俩吃。

伍子胥二人只吃了半饱就停了下来，不好意思再吃了。女子道："我看你们是想赶远路，怎么不吃了呢？"他们二人这才继续吃了个干净。临行时，伍子胥对这女子说："夫人活命之恩，我必铭记肺腑。我其实是逃难的人，若是遇到别人的话，希望夫人不要提及此事。"女子凄然叹道："唉！我为了侍奉寡母，年已三十还未出嫁，一直苦守贞节竭力侍奉老母，谁曾想如今为了馈赠饭食，竟然和陌生男子交谈，败义堕节，以后还怎么见人？公子快走吧。"伍子胥走了几步，回头一看，此女抱着一块大石头自投濑水而死。

据说伍子胥感伤不已，咬破指头，用血在石头上写了二十个字："尔浣纱，我行乞；我腹饱，尔身溺。十年之后，千金报德！"他题写完毕，怕有人看见，就用土把这块石头埋了起来。

据说后来伍子胥功成名就之时，还真找到了这位女子的母亲，以千金报德。谁知道呢？

"渔丈人"一事《史记》《吴越春秋》均有记载，向女子乞食一事《史记》一笔带过，《吴越春秋》有详载。这些文字可当故事看。

第七章　伍子胥吴市吹箫　刺王僚专诸献鱼

有一个成语"吹箫乞食",也作"吹篪(chí)乞食""吴市吹箫",指吹打着乐器在街头乞讨,现在也有这种现象。这个成语的贡献者是伍子胥。

伍子胥来到吴国的都城以后,想要见吴王,可惜在吴国举目无亲,没有门路。他一方面无以为生,只能乞讨,另一方面也想通过加入丐帮来寻找机会,于是把胜安顿好以后,他自己就披发佯狂,蓬头垢面,手执斑竹箫,在都市内吹奏,往来乞食。他的曲子一共有三段:

伍子胥!伍子胥!跋涉千里身无依,千辛万苦凄复悲!父仇不报,何以生为?

伍子胥!伍子胥!昭关一度须眉白,千惊万恐凄复悲!兄仇不报,何以生为?

伍子胥!伍子胥!芦花渡口溧阳溪,千生万死到吴市,吹箫乞食凄复悲!身仇不报,何以生为?

第七章　伍子胥吴市吹箫　刺王僚专诸献鱼

可惜，没有人能够听出箫声中的凄苦、不平之意。

在本册之《吴越论剑》中说过，那时吴国当政的是吴王僚，他的堂兄弟公子光愤愤不平（因为他们的父辈有兄弟四人，一直是兄终弟及，老三想把王位传给老四季札，可季札淡泊名利，一直推辞，所以老三死后他的儿子僚就继位了，但公子光认为自己的父亲是老大，要是四叔不继位的话，按道理应该从他开始轮，不该让吴王僚继位，于是就一直谋划要推翻吴王僚）。吴王僚好勇而骄，而公子光则礼贤下士。

那时，伍子胥还不知道公子光的心意。伍子胥一直想见吴王僚，想说服吴王僚攻打楚国。那时吴楚之间战事频繁，所以利用吴国报仇是伍子胥最迫切的愿望。

公子光心中不服，有刺杀吴王僚的想法，但是王宫中都是吴王僚的心腹，没有忠于自己的班底，他只好隐忍于心，派一个善于相面、叫作被离的人暗中寻访豪杰，以便作为辅翼。

有一天，被离听到吹箫声，凄凉婉美，再一细听，感觉很有深意，于是，他偷眼观察这个人，一见大惊道："我相人多了，还从来没见到过这种龙行虎步、气宇轩昂的人物。"

被离赶忙把伍子胥请回家，请进厅堂，让到上座。被离说："我听说楚王杀死了忠臣伍奢，他的儿子伍子胥逃亡在外，难道公子就是吗？"伍子胥不辨敌友，不敢轻易搭言。被离又说："我不是要坑害你，我只是看你状貌非常，定非凡品，想要帮你求得富贵而已。"伍子胥也阅人无数，知道对方并无恶意，这才如实相告。

被离得知实情，知道伍子胥智勇双全，喜出望外，正要派人去告知公子光，谁知早有人告诉了吴王僚。

吴王僚召见伍子胥，一看他相貌堂堂、威风凛凛，十分喜欢。交谈之下，吴王僚看他条分缕析，明白事理，连谈三日，话不重复，知道他确非浪得虚名，欲拜他为大夫。

当伍子胥谈及父兄之事时，他咬牙切齿，双目喷火。吴王僚看他勇气可嘉，对他的遭遇也深表同情，就答应为他报仇雪恨。

公子光也知道伍子胥智勇双全，自己同样思贤若渴，听说被吴王僚捷足先登，十分不快。他更怕伍子胥被吴王僚所用，于是问吴王僚："我听说从楚国逃难的伍子胥来到我国，大王认为他是个什么样的人？"吴王僚道："贤能而且孝顺。"公子光问："大王何以断定？"吴王僚说："他勇壮非常，和我谈论国家大事，观点一针见血、入木三分，所以我认为他贤能；他念念不忘父兄的冤情，向我借兵复仇，所以我认为他孝顺。"公子光问："大王已经答应为他复仇了吗？"吴王僚道："我同情他的遭遇，已经答应了。"公子光谏道："诸侯不为匹夫兴师。今吴楚交恶，争战多时，我国没有打过大胜仗。若为子胥兴师，劳民伤财，这是匹夫之恨重于国耻呀！我认为这不合适：战胜了，只是为子胥泄私愤；战败了，是为我国增耻辱。小不忍则乱大谋，所以这个想法不足取。"吴王僚以为然，于是就取消了伐楚的念头。

伍子胥听到后说："公子光有谋求王位的志向，这时他肯定有攘外必先安内的想法。"于是伍子胥就静观时变。

公子光又向吴王僚进言道："伍子胥认为大王不肯兴师，是言而无信，他心怀不满，口出怨言，不可任用这种小肚鸡肠的人。"吴王僚觉得公子光的话有道理，于是疏远了伍子胥，接受了他不在朝廷任职的申请，只赐给他四百亩田地。伍子胥与胜就一心耕作，韬光养晦。他知道吴国的政坛必将有一番暴风骤雨。

公子光把伍子胥在吴王僚面前搞臭后，自己却偷偷地去见他，并带了米粟布帛等礼物，问伍子胥："您游历各国，有没有遇到过与您不相上下的才勇之士？"伍子胥回道："我何足道哉！我见过的专诸才是真

第七章 伍子胥吴市吹箫 刺王僚专诸献鱼

正的勇士。"于是公子光又去结交专诸。这在本册之《吴越论剑》中略有叙述。

后来楚平王去世,楚平王与本应是自己儿媳妇的伯嬴生的珍继承了王位,他就是楚昭王。

伍子胥深恨不能亲手杀死楚平王,他怕迁延日久,连攻打楚昭王的时机都丧失了,因为父债子还嘛,于是伍子胥就向公子光献计,先把吴王僚的两个兄弟派出去,断其左右手,然后再寻机刺杀吴王僚。就这样,公子盖馀和烛庸被派出伐楚。

◎伍子胥人生重大节点

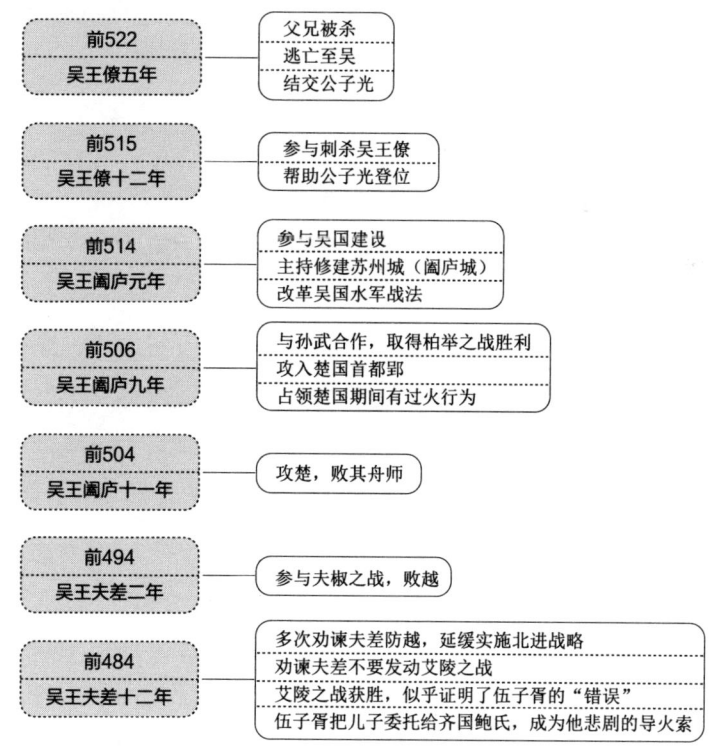

141

伍子胥传（故事篇）

公子光他们加紧实施刺杀计划，最后专诸刺杀了吴王僚，公子光登位，史称"吴王阖庐"。

参考消息：关于伍子胥如何见吴王僚和公子光，《史记》没有详细记载，本篇的一小部分故事性情节，参照《吴越春秋》和《东周列国志》以补充。这无伤大雅，只是为普通读者着想，在不改变历史脉络的基础上，让历史的骷髅变得丰满，有肉、有温度、有情感，让人爱读，仅此而已，并非不尊重《史记》，信口开河。

书中还有类似情况，难免挂一漏万，不能一一点明，在此，广而告之。

第八章　受重任子胥领政　遭迫害伯嚭投吴

吴王阖庐元年（公元前514年），阖庐向伍子胥咨询国政。

阖庐问："我想富国强兵与诸侯争霸，怎么才能实现理想呢？"

伍子胥顿首垂泪说道："我只是楚国一个亡臣，父兄含冤，暴尸街头，我蒙垢受辱却无力抗争，这才投奔大王，如今能苟延残喘已是万幸，哪还敢参与吴国大政方针的设计呢？"

阖庐道："若不是有你，我现在恐怕还要屈居人下、忍气吞声呢，哪敢想象有今日？我正要授予你重任，你为何中途萌生退志呢？难道是认为我不足以成大事吗？"

伍子胥对道："我没有认为大王要建立霸主事业的想法是不切实际的，我只是考虑自己的因素。常言道，疏不间亲，远不间近。我是楚国的亡臣，怎敢在人才济济的吴国妄自尊大呢？况且我大仇未报，方寸已乱，自己的事都没有料理明白，又有什么资格参与国家大事呢？穷则独善其身，达则兼济天下（当时孟子还没出生），我现在正处于穷困潦倒之时，所以我想先把自己的事办好以后再说。"

阖庐说："我遍观吴国谋臣，没有谁能在您之上，请您切勿推辞。等到国事稍定，我自会为您报仇，我言出必行。现在的问题是：一个偏安东南一隅、土地贫瘠、国小民弱的国家自保尚且很难，还怎么能宣威四方、为你报仇呢？"

伍子胥得到这个答复，心中如吃了一颗定心丸，说道："我听说治民之道要因势利导，以民为本，这样才能得到民众的拥护，所谓得人者兴；要想建立霸王宏业，要以近制远，所谓千里之行始于足下。所以我们要发展经济、充实国库、训练士卒、巩固国防，急人之所难，安抚百姓，使民众安居乐业。只要我们搞好内政、增强实力，有朝一日必能威震海内。"

阖庐称善，并让伍子胥参与国政。伍子胥几年的工夫就让吴国的实力大大增强。

这时，伍子胥的死对头伯嚭也投奔到吴国。伯嚭为什么也要出逃呢？这也要归罪于向楚平王献媚献谗、巧夺太子妃、驱除太子建、诛杀伍子胥父兄的那个费无忌。

楚平王去世以后，其子珍继位为楚昭王，以囊瓦为令尹，郤（xī）宛、鄢将师、费无忌同为辅政大臣。郤宛是伯嚭的父亲或同宗的长辈，因为贤能，得到了楚昭王的信任。嫉贤妒能的费无忌怀恨于心，想要设计谋害郤宛。当时，囊瓦位高权重，而鄢将师是和费无忌一个鼻孔出气的，于是费无忌和鄢将师商量出一个离间计。

费无忌先对囊瓦说："郤宛想要请您赴宴，但不知您是否赏脸？"囊瓦说："若是他邀请，我岂能推辞？"费无忌又对郤宛说："令尹囊瓦对我说，想要到您家饮酒，不知您能否款待？他托我来探问。"郤宛不

第八章　受重任子胥领政　遭迫害伯嚭投吴

知有诈，说道："我居下位，若是令尹纡尊降贵光临寒舍，鄙人荣幸之至。明天我就准备佳肴，麻烦您代为转达。"这种两面三刀、唯恐天下不乱的奸佞小人就是这样无中生有地设圈套。

费无忌见郤宛中计，心中大喜。他又说："那不知道令尹来了，您要进献他什么礼物呢？"郤宛问："他喜欢什么？"费无忌道："他最喜欢盔甲、兵刃等物。我听说您的战利品当中有许多是从吴军那里缴获的兵甲，他早想开开眼界了。您把这些东西拿出来，我先帮您挑选一下。"郤宛没多想，就把藏品搬了出来。

费无忌盔甲和兵刃各选若干，说道："这些就足够了。您把这些陈列在门旁，用布幔蒙好，等到令尹来了以后，您可向他展示，给他一个惊喜。这样投其所好，令尹必然会高兴。其他的物品他都不感兴趣。"郤宛就开始布置了，并请费无忌去请令尹囊瓦。

费无忌和令尹囊瓦一同来赴宴。走到半路上，费无忌说："人心不可测，我先为令尹打探一番，然后您再跟来。"

费无忌兜了一圈，假装跟跟跄跄、气喘吁吁地跑回来，说道："大事不好！郤宛今天不怀好意，我看他在门旁藏有坚兵利刃，令尹若是真去，恐怕要遭遇毒手。都怪我多嘴，本来认为同僚促膝谈心可以增进感情，谁知他狼心狗肺，竟然要以下犯上。"这种小人就擅长煽风点火、搬弄是非，真是"来说是非者，便是是非人"。

囊瓦不信，说道："我和他往日无冤、近日无仇，他不至于这样对我吧？"

费无忌说道："令尹真是宅心仁厚，哪知道人心险恶？郤宛仗着大王恩宠，现在骄傲得不得了！他时常大放厥词，说令尹之位非他莫属。他这么做纯粹是为了夺权。而且他在与吴国的一次战斗中，本来已占尽上风,谁知他却没有乘胜追击、直入吴境,反而让对手从容地后撤。他嘴上说得好听,说什么吴国内乱,乘人之危不仁不义。当年我们楚平王去世的时候,吴国还不是趁火打劫?如今吴国内讧,阖庐杀死吴王僚,民心不稳之时正好进兵,而且这是以牙还牙、以眼还眼,有什么不道义的?据我所知,他是收取了吴国的贿赂,这才退兵的。要是让他得志,楚国可就危险了。"

这话可真够歹毒的,硬是颠倒黑白,把郤宛以仁义治军的做法诬陷成通敌卖国。囊瓦还是不信,就派左右去探察。左右回来报告说,在门旁的布幔中果然藏有兵器。囊瓦大怒,决定攻击郤宛。

都是费无忌这个中间人搞鬼,煽风点火,制造了这场悲剧。郤宛这才知道自己被费无忌插圈弄套给陷害了,百口莫辩,自杀而死。而伯氏家族中伯嚭逃往吴国,其他族人也四处奔逃。

关于郤宛与伯嚭的关系,请见第九章。

第九章　同是天涯沦落人　相逢皆因费无忌

《史记·吴太伯世家》记载："王阖庐元年，举伍子胥为行人而与谋国事。楚诛伯州犁，其孙伯嚭亡奔吴，吴以为大夫。"按照这个记载，伯嚭应为伯州犁之孙，是在吴王阖庐元年从楚国逃亡至吴国并成为吴国大夫的。

《史记·伍子胥列传》记载："阖庐既立，得志，乃召伍员以为行人，而与谋国事。楚诛其大臣郤宛、伯州犁，伯州犁之孙伯嚭亡奔吴，吴亦以嚭为大夫。"伍员即伍子胥。这里多出一个人物，郤宛。

《史记·楚世家》记载："昭王元年，楚众不说（悦）费无忌，以其谗亡太子建，杀伍奢子父与郤宛。宛之宗姓伯氏子嚭及子胥皆奔吴，吴兵数侵楚，楚人怨无忌甚。楚令尹子常诛无忌以说（悦）众，众乃喜。"这是说，楚昭王元年（公元前515年），楚国民众怨恨费无忌进献谗言，逼走了太子建，杀害了伍奢父子和郤宛，结果让伯嚭和伍子胥怨恨楚国，挑动吴国多次进攻楚国，因此相当于相国职位的令尹子常杀费无忌以谢众。在这里提到，伯嚭与郤宛是同宗之人，没有指明是父子关系，也没有提到伯州犁。

《左传·昭公二十七年》记载："子恶（郤宛的"字"）闻之，遂自杀也。"鲁昭公二十七年，即公元前 515 年。这一年，孔子约 36 周岁，在齐国遭遇迫害，返回鲁国。这一年，孙武的《孙子兵法》基本草创完毕，可以公开传播了。同样是这一年，专诸刺王僚，公子光夺位成功。也是这一年，伯嚭逃奔到吴国。

《左传·定公四年》记载："伍员为吴行人以谋楚，楚之杀郤宛也，伯氏之族出，伯州犁之孙嚭，为吴大（太）宰以谋楚。楚自昭王即位，无岁不有吴师。"事件记载在鲁定公四年（公元前 506 年），即楚昭王十年、吴王阖庐九年。实际上，这是追述性文字。伍子胥来吴国是公元前 522 年，吴王僚五年。伯嚭来吴国，应该是公元前 515 年，这一年郤宛被杀，伯氏一族出逃，伯嚭来到了吴国，后担任太宰一职。因为公元前 506 年发生了吴、蔡、唐对楚战役，即柏举之战，具体实施者为吴王阖庐、夫概、伍子胥、伯嚭、孙武，可能因此，《左传·定公四年》再追述了一下前情。这个记载是准确的，因为楚杀郤宛，所以导致伯嚭投靠吴国。"楚自昭王即位，无岁不有吴师"。楚昭王即位是在公元前 515 年，从那时起，到公元前 506 年，十年之中，吴国年年对楚用兵，到了公元前 506 年，是大举用兵之年，并攻占了楚国都城郢。

《吴越春秋·阖庐内传》记载，"六月，欲用兵，会楚之白喜来奔"，"白喜者，楚白州犁之孙。平王诛州犁，喜因出奔，闻臣在吴而来也"，"白州犁，楚之左尹，号曰郤宛，事平王"。这一段记载，问题最多。白喜，又叫帛喜、伯嚭，字子馀，到了吴国后，成为太宰，也叫太宰嚭，因此，名字没有问题，"白喜=伯嚭"，"白州犁=伯州犁"。为了叙述明

第九章 同是天涯沦落人 相逢皆因费无忌

确,本书统一为伯嚭、伯州犁。但是,这里的人物关系,有很大问题。作者说伯州犁"号曰郤宛",这是第一错,二者不可能是同一个人,应为父子二人。作者说伯州犁"事平王",这是第二错,最大的硬伤。按照《左传》的记载,伯州犁卒于鲁昭公元年,即公元前 541 年,楚灵王杀大(太)宰伯州犁于郏(jiá,今河南郏县)。楚平王是公元前 528 年至公元前 516 年在位的,二人除非穿越,否则不可能出现在同一个时空,所以不存在"平王诛州犁"这类"关公战秦琼"的事情。《吴越春秋》这类书,故事性大于史实性,有价值,但尽信书不如无书。

下面用《史记辞典》中对伯州犁和郤宛两个词条的注解,来对这个历史悬案进行综合论述。伯州犁(或"犂"),出生不详,公元前 541 年去世。春秋时楚国大臣。晋人伯宗之子。伯宗好直言,遭杀害,他遂奔楚,后为楚太宰。楚公子围杀楚王郏敖(公元前 544 年至公元前 541 年)自立,是为楚灵王(公元前 540 年至公元前 529 年),伯州犁也同时被杀。郤宛,出生不详,公元前 515 年去世。春秋时楚国大夫。字子恶,原来姓伯,郤为伯氏别姓,伯州犁之子。楚昭王时担任左尹,为人正直,性格温和,深得国人拥护。后为楚之谗人费无忌所陷害。

若是按照这两条注解,伯州犁是郤宛的父亲,郤宛不一定是伯嚭的父亲,但应该是他的叔伯辈,而伯嚭是伯州犁的孙子,应能确证。伯氏和郤氏是同宗,郤氏是伯氏别姓。死于公元前 541 年的伯州犁不可能是被楚平王(公元前 528 年至公元前 516 年)或者楚昭王(公元前 515 年至公元前 489 年)所杀。《史记·吴太伯世家》和《史记·伍子胥列传》中说"楚杀伯州犁"云云,张冠李戴,《吴越春秋·阖庐内传》中说"平王诛州犁",也是时空错位。伯州犁确实被杀,但导致伯嚭和伯氏家族逃亡的直接原因,是郤宛的被害。郤宛死于楚昭王元年,即公元前 515 年。

不久，费无忌也被杀。

《左传·昭公二十七年》与《左传·定公四年》的记载，是相对准确的。

另外，《史记·楚世家》提到的子常，也很有意思。他是楚国令尹，名囊瓦。他是子囊之孙，性格贪婪。同时，他还是一个常败将军。在逼死郤宛八年之后，也就是楚昭王八年（公元前508年），他率领军队伐吴，被吴国打败于豫章。大致在那时，又出了一个大事件。蔡昭侯（公元前518年至公元前491年），即蔡侯申，又称蔡昭公，为了增加两国互信，来楚国拜码头。他带了两块佩玉、两件美裘，送给楚昭王一块佩玉、一件美裘，自己留了一份，没有给囊瓦，这让囊瓦十分不爽。他性格贪婪嘛，我的是我的，你的也是我的，于是他向蔡昭侯索取。蔡昭侯不给，结果，囊瓦向楚昭王进谗言，扣留了蔡昭侯三年。和蔡昭侯一样倒霉的是唐成公，即唐侯，他也来到了楚国。他有两匹肃爽马，囊瓦是看一个爱一个。凡是别人的东西都是好的，凡是自己得不到的东西一定是最好的，他于是就索要这两匹马，结果是唐成公不给，也被扣留楚国三年。此事记载在楚昭王九年（公元前507年），但他们被扣押的时间应该是在公元前508年比较靠谱。他们应在公元前506年被释放。

这两个人被囊瓦凌辱，对楚国愤恨异常。公元前506年，即楚昭王十年、吴王阖庐九年，发生了柏举之战，吴国和蔡国、唐国组织了三国联军进攻楚国，根源就在这里。在这次战役中，吴王阖庐之弟夫概兵团与囊瓦兵团在柏举对阵，夫概想冲锋，吴王阖庐不赞成，但是夫概认为，将在外君命有所不受，于是带领5000部下果断出击，结果击溃了楚军。此前楚国大夫史皇劝说囊瓦，一旦失败，他作为统帅就应该自杀殉国，这样才能弥补罪责，维护荣誉。可凡是对美食、美器、美酒、美

第九章 同是天涯沦落人 相逢皆因费无忌

宅、美服、美色极其热爱的人，基本都不会自杀，因为生有可恋、享受第一。他们最想得开，只要有这些享受，什么国家大计、荣誉尊严，都是浮云。最后，囊瓦逃到了郑国。

虽然是为了辨析伯州犁、郤宛和伯嚭的关系，但是补齐一下囊瓦的"光辉业绩"，并且点明吴、蔡、唐一致对楚的缘由，看看古今中外的人对物质的迷恋，也是很有必要的。

至于说，伯嚭家族是如何被人陷害的，不同古籍却有相同的故事框架，熟悉的味道和配料，只不过《左传》是郤宛对子常（囊瓦），《吴越春秋》是郤宛对楚平王。炮制这道"杀人不见血谗言陷害汤"的，就是传统的反面人物费无忌。

这是伯嚭来到楚国之前的基本考据。

伯嚭应该是一个有能力的人，攻打楚国时，他与伍子胥、孙武同为决策集团的核心人物，只不过，他心术不正，是一个把个人利益凌驾于国家利益之上的精致的利己主义者。如果不加个人感情来定位，称他为"鸽派"比较合适，但不是普通意义的鸽派，他并不奉行和平主义，或者崇尚用非暴力的手段化干戈为玉帛，因为，他并没有制止住吴王夫差激烈的扩张主义行为，也没有坚持住自己的政治原则。伯嚭只是在不断纵容吴王夫差的任性中换取"忠诚为主、忠心为国"的政治筹码。

真正的鸽派是有自己的原则和信仰的。

说到底，伯嚭不爱任何人，除了他自己；不关心任何事，除了他的钱包。

伯嚭逃到吴国以后先拜访了伍子胥，二人相对而泣，提起楚国来无不咬牙切齿。于是，伍子胥把伯嚭引见给了吴王阖庐。伯嚭也被授以重任，与伍子胥共商国是。

伍子胥传（故事篇）

发现伍子胥、善于相人的那个被离私下问伍子胥："您怎么与伯嚭刚见面就如此信任呢？"伍子胥道："我和伯嚭有相同的遭遇。俗话说，同病相怜，同忧相救，共同的悲惨遭遇注定我们能够志同道合，这有什么奇怪的呢？"被离道："您只看到他的表面，并没有认识到他的本质。我看伯嚭的为人，鹰视虎步，残忍好杀，性格贪婪谗佞，铲除异己时不择手段，不可亲近。"可伍子胥并没有把这话放在心上。

后来，伯嚭违抗军令，冒险兴兵，结果大败。孙武劝伍子胥以军令斩了他。孙武说："伯嚭为人矜功自傲，贪得无厌，日后必定会为吴国生乱，不如趁机斩了他。"可是伍子胥认为伯嚭颇有功劳，不应该如此相待，就放了他一马。可惜啊！伍子胥后来到底还是因为伯嚭进谗言而被逼自杀。

伯嚭一家人是因为中了费无忌的离间计才破败的。他和伍子胥家破人亡都因为同一个人，可反过来，他却成了"吴国版费无忌"，对伍子胥痛下杀手。

第十章　报父仇掘墓鞭尸　哭秦廷包胥搬兵

吴国经过几年的准备之后大举伐楚,连战连捷,攻入郢都。

伍子胥入楚之后想做的第一件事就是掘楚平王的坟墓。他探知楚平王墓在寥台湖,当带兵抵达时,放眼望去,只能见到苍茫的湖水和衰草残阳,无法知道坟墓之所在。

伍子胥派人四下寻觅,正苦闷之时,有一个曾为楚平王修墓侥幸逃脱的匠人指点迷津,他这才把楚平王的棺材找了出来。因为里面注满水银,保持真空,所以尸首还保持了原貌。

伍子胥一见尸首,怒气冲天,手持铜鞭,重打三百下,打得尸首肉烂骨折。伍子胥左脚踏在楚平王的肚腹上,右手挖出了他的双眼,数落道:"你生前不辨忠奸,听信谗言,杀我父兄,这等有眼无珠之辈还留着眼睛干什么?当装饰品吗?"伍子胥斩断楚平王的首级,把衣衾棺木毁掉,连同骸骨弃于荒野。他终于出了胸中的恶气!他隐忍十余年,就是盼着这一天。

实现理想、扬眉吐气岂非人间之盛境！这就是"伍子胥掘墓鞭尸"的典故，用来说明仇恨达到了顶点，隐忍苟活，不懈奋斗，终于报仇雪恨了。

这时，楚昭王早就跑了。

前文提到的那个申包胥逃到山中，听说伍子胥竟然掘墓鞭尸，就派人责备他道："你的这种复仇方式是不是有点过分了？你曾经是楚平王的臣子，亲自侍奉过他，总该留点余地吧？可如今你竟然沦落到侮辱死人的地步，这是不是丧失天理到无以复加的地步了呢？人多力量大这个道理我懂，但是你莫要得意忘形。你们暂时仗着人多势众取得的战果肯定不能持久，要知道天道好还，作恶的必定身受其害。"

伍子胥回道："请代我向申包胥致以歉意。忠孝不能两全。我立志报仇后，常常怕遭受意外而死亡，不能得遂心愿，遗恨千古。如今天可怜见，我终能报仇雪恨，还有什么道理可讲呢？想当初我日暮途远，焦急万分，只能倒行逆施了。我这么说是什么意思呢？我的复仇之路荆棘丛生、困难重重，好比太阳已经落山而路途尚远，在力竭计穷之际，我只能颠倒行事、不按常理了（这就是"日暮途远"和"倒行逆施"两个成语的来源，古今词义略有出入。"日暮途远"也作"日暮途穷"）。"

申包胥一看伍子胥这时已不是靠言辞就能说服的了，自己不能坐以待毙，于是就到秦国去搬救兵。

申包胥为什么要去秦国呢？因为秦楚当时有姻亲关系。当时，秦国是秦哀公在位。还得重提旧话。秦国宗室之女伯嬴本来应该嫁给楚平王的儿子太子建，后来老公公近水楼台先得月，伯嬴成了楚平王的老婆，生下的儿子名叫珍，就是被赶出郢都的楚昭王，所以楚昭王是秦哀公的直系亲属。

第十章 报父仇掘墓鞭尸 哭秦廷包胥搬兵

申包胥孤身入秦，请求秦国发兵帮楚昭王复国。秦国不答应，申包胥就站在秦国的宫廷上，日夜哭泣，一连七天七夜没有住声，终于感动了秦哀公。秦哀公说："楚王虽然无道，但有这样忠义的臣子，他就不该亡国。"于是就派了五百辆战车支援楚国，打败了吴军（典故"申包胥哭秦廷"）。

后来，越王勾践之父允常趁吴兵在楚，偷袭吴国，吴王阖庐的弟弟夫概秘密返回吴国谋夺政权。阖庐班师，打跑了夫概，后又击败了越国。从此，吴国的战略重心转移到与越国的争霸中，两国越打死结越多，逐渐发展成为世仇。

第十一章　忠被谤冤沉海底　空怀恨悬眼国门

越王允常病逝，其子勾践继位。勾践继位之时，吴王阖庐以为有机可乘，于是出兵，竟然命丧沙场。当他把权力棒交给儿子夫差时，他嘱咐夫差要为自己复仇。

吴王夫差在刚开始的三年里真正是殚精竭虑、励精图治，让十余人站在他的必经之路上，看到他时齐声大喊："夫差！难道你忘了越王杀死先王的事了吗？"夫差赶忙回答："不敢！"他想用这种方法使自己时刻保持清醒。后来他果然打败了勾践，可惜却接受了勾践的请和，这在本册之《吴越论剑》中有详细的叙述，主要是伯嚭收取贿赂，替勾践说好话，麻痹了夫差，而夫差得意忘形，放松了戒备，把伍子胥的话当成了耳旁风。就这样，越王勾践得以休养生息、积蓄实力。

后来吴王夫差听说齐国内乱，就要出兵伐齐。伍子胥认为越国才是心腹之患，不能一味地好大喜功，若是越国咸鱼翻身，吴国就要大难临头了，于是劝谏吴王夫差，可吴王夫差还是不听。这次出兵最后吴国获

第十一章　忠被谤冤沉海底　空怀恨悬眼国门

得大胜，吴王夫差认为伍子胥老了，雄心不再，更加不依从伍子胥的计谋了。

过了四年，吴王夫差又伐齐，越王勾践采用大臣的计谋，派兵帮助吴国，讨得夫差的欢心，又用重宝结交伯嚭。

这时伯嚭已得了多次贿赂，把越王当成了衣食父母，更加偏爱他了，于是时不时地在吴王面前为越王说好话，吴王总是采纳伯嚭的意见。伍子胥劝谏道："越国才是我们的心腹大患，若是听信伯嚭的花言巧语而攻打齐国，必定得不偿失。即使攻破齐国，也是得到了一个中看不中用的东西，白白地劳民伤财，所以希望大王放弃攻打齐国而先攻打越国，如果不这样，肯定会追悔莫及。"吴王不听，反而派伍子胥出使到齐国去。

伍子胥带着儿子一同前往齐国。临回国的时候，伍子胥对儿子说："我屡次劝谏大王，可都没有收到什么效果。我看吴国灭亡的日子不远了，你跟吴国一起灭亡没什么益处。"于是他把儿子托付给了齐国的鲍氏，然后回报吴王。

伯嚭现在成了伍子胥的死对头，趁机向吴王进谗言道："伍子胥为人刚强暴烈、刻薄寡恩、疑神疑鬼、心狠手辣，他的怨恨有可能要酿成大祸啊！以前大王要攻打齐国，他认为不行，结果大王大获成功。他因为自己的计策不被采用而大王以胜利而告终，倍感羞耻，进而心生怨恨。如今大王又想伐齐，他依旧刚愎自用、固执己见，只不过是希望大王失败好显得他技高一筹罢了。如今大王亲率大军，尽起国中精锐讨伐齐国，伍子胥应该责无旁贷，可他就是因为建议不被采用，而装病不随大王出征。大王如果不早做防备，恐怕祸患就要因此而产生了。而且我派人暗中调查发现，他在出使齐国的时候，竟然把自己的儿子托付给齐国的鲍氏了。作为人臣，只因在国内稍稍不如意，就要到国外依靠诸侯，这可不是臣子应该做的。他自认为是先王的谋臣，对国家有恩，如今不被重用，就常常郁闷怨恨，这不是国家之福啊！希望大王早做安排。"吴王说："你就是不说，我也已经怀疑他了。"

于是，吴王夫差赐给伍子胥属镂剑，让他自杀。

伍子胥仰天长叹道："哎呀！喜欢搬嘴弄舌的小人伯嚭将要作乱了，而大王竟要杀我，真是天理难容。我辅佐你父亲争雄，没有功劳也有苦劳。当你还没有被确立为继承人的时候，各位公子都想争夺王位，我向先王推荐你，先王说：'我看夫差愚而不仁，恐怕不能胜任。'我说：'夫差信义卓著，仁而爱人，这正是一位好君王应该具有的素质。'我多次冒死在先王面前力争，这才保住你的王位。在登基之初，你要把吴国分一半给我，我受先王厚恩，怎么能有这种奢望呢？我只希望能和你君臣共享鱼水之欢，可现在你却听信谗言来杀害忠良。"伍子胥告诉他的门客说："我死之后，一定要把我的眼睛挖下来，悬挂在都城的东门上，我要看着越寇入侵，灭亡吴国（典故"悬眼国门"）。"说完自杀。

吴王听说后大怒，就把伍子胥的尸体放在生牛皮做的革囊里，让它在江里漂浮。吴国人都很怜悯他，认为他死得可惜，就在长江边上的小山上建造祠堂纪念他，这个地方被命名为"胥山"。

第十二章　白公胜兵败自尽　忍小耻方成大业

还有一个人有必要交代一下,他就是和伍子胥一起逃奔吴国的太子建的儿子胜。

在吴王夫差还没有灭亡的时候,楚惠王要召胜回楚国。

这个楚惠王是楚昭王的儿子,而楚昭王和太子建是同父异母兄弟,所以楚惠王和胜是堂兄弟。

楚惠王的决定遭到了叶公的反对。叶公说:"胜喜武好勇,私下里又结交大批亡命之徒,这个人恐怕有野心!"可楚惠王不听,把胜召回楚国,让他住在楚国的鄢邑(《史记·伍子胥列传》原文:使居楚之边邑鄢),称号为"白公",所以胜也叫"白公胜"。

白公胜回到楚国三年(《史记·伍子胥列传》原文如此,实际说"四年"更精确)以后,吴王夫差诛杀了伍子胥。

白公胜回到楚国以后,想为父报仇。他的父亲是因为和晋顷公合谋偷袭郑国,消息泄露,反而被郑定公先下手为强杀掉了的,所以他想报复郑国，就暗中收养死士（《史记·伍子胥列传》原文：怨郑之杀其父，乃阴养死士求报郑）。

白公胜回到楚国五年以后，他请求发兵讨伐郑国，楚国的令尹子西答应了他。

谁知楚国还未发兵，郑国却遭到了晋国的攻击，郑国就向楚国求救。楚国派子西救郑国。子西和郑国订立了盟约就回国了（据说子西是收了郑国的礼物，受赂而去）。

白公胜知道子西和郑国订立了盟约，大怒道："我现在仇视的不是郑国，而是出尔反尔的子西。"于是白公胜亲自磨剑，有人问他要干什么，他说要杀子西。子西听说后笑道："白公胜想以卵击石，太不自量力了。"子西根本没把白公胜当回事。

可是四年以后，子西却被白公胜和石乞在朝廷上突袭杀死了。子西这是骄兵必败。

石乞说："不杀掉楚王，不行。"他们就劫持了楚惠王。可是石乞的仆人屈固（《左传》和《史记·楚世家》都记载为"王从者"，是说屈固为楚王的随从，与《史记·伍子胥列传》的记载"石乞从者"不同）却背着楚惠王逃到了其母后的宫中藏起来了。

那个曾经劝楚惠王不要收留白公胜的叶公听说白公胜作乱，就率领党徒攻打白公胜。白公胜失败，逃到山中自杀了，而石乞被俘虏。

有人逼问石乞白公胜的尸体在什么地方，不说的话就要烹杀他。石乞说："事成则当卿士，事败则被烹杀，本来就是机遇与风险并存！"他始终不肯说出白公胜尸体的存放处。

于是，他们烹杀了石乞，找到了楚惠王，恢复了其王位（《史记·伍子胥列传》原文：求惠王，复立之）。

第十二章 白公胜兵败自尽 忍小耻方成大业

司马迁评论道：仇恨对于人来说真是太厉害了！君王尚且不能和臣下结仇，更何况是同等地位的人呢？假如伍子胥当初和伍奢一同死去，那么他的死和蝼蚁有什么差异？只有弃小义、雪大耻，才能名垂千古。可悲啊！当初伍子胥受窘于江边、吴市吹箫乞食的时候，何曾忘掉要报仇雪恨？他隐忍苟活是为了成就功名，如果不是果敢刚毅的男子汉大丈夫，怎有此能屈能伸的境界？白公胜如果不是想自立为王的话，他的功业应该是不可胜道的啊！可惜他一味刚强，不知以退为进、等待时机，反而急于求成，小不忍则乱大谋，最后一败涂地，真是可悲啊！

伍子胥传（评论篇）

父死身逃，孝乎？潜踪入吴，勇乎？
破楚鞭坟，过乎？直言敢谏，可乎？
属镂自杀，痛乎？悬眼国门，悲乎？
和孙武生前论道，与文种死后观潮，
当无遗恨。
大孝不孝，孝也！当死不死，勇也！
固执偏激，过也！心口如一，可也！
壮志难酬，痛也！眼见亡国，悲也！
与阖庐同谋霸业，和勾践拼死为敌，
此生精彩。

嗣敏试对《伍子胥传（评论篇）》

第一章　伍子胥档案披露　十连评得失复盘

虽然多次提到，但还是要仔细梳理一下这个谜一样男人的人生。

本名：伍员，字子胥。

别称：申胥、伍胥。

民族：华夏。

国籍：楚国。

户口所在地：湖北省监利市黄歇口镇某某街某某号（还有其他说法）。

生卒年：公元前559年（史无明载，当为推论）至公元前484年。

身份：军事家、政治家、建筑学家。

擅长：军事、政治、建筑。

成功案例：苏州城第一任"城建部长"、中国水军理论和实践的奠基人、破楚战役指挥者。

典故贡献：倒行逆施、日暮途远（日暮途穷）、悬眼国门（存疑）、一夜白头（存疑）。

家庭关系：

- 远祖：伍举（楚庄王团队中的"魏徵"）。
- 父亲：伍奢（楚平王团队中的"魏徵"）。
- 大哥：伍尚（楚国的一个大孝子）。

顶头上司：

- 第一任：楚平王（仇敌）。
- 第二任：吴王阖庐（知己）。
- 第三任：吴王夫差（冤家）。

座右铭：侵犯我的人，就是跑到骨灰盒里也揪出你。

中国有个成语"楚材晋用"，是指楚国的人才为晋国所用，这是一种人才流失，如王孙启、巫臣都是"楚材晋用"。其实还有"楚材秦用""楚材吴用""楚材越用"，例如秦国的李斯就是由楚投秦的，吴国的伍子胥和伯嚭来自楚国，而越国的范蠡和文种也来自楚国。从某种角度来说，吴越争霸其实是一场楚国人才的智力争霸赛。从量级上看，吴国的两位绝对不逊色于越国的两位，只是君主的能力强弱决定了他们各自能量的发挥，最后才导致了吴败越胜。

在其中，伍子胥作为当时吴国政局的"操盘手"，他的雄才大略是那么深刻地改变了吴国，那么深刻地影响了楚国和越国，同时他的个人悲剧和性格弱点又在历史上留下了那么明显的刻痕。他的形象是独树一帜的，拥有鲜明的个性风采。

这些都注定了他是一个饱受争议的人物。

第二章　忠不忠模棱两可　孝不孝难画难描

伍子胥没有与大哥同时赴死，是不是不孝？

探讨死亡的意义，是《史记》中的一个重大命题。意外之死，实在是天命无常，徒叹奈何；生老病死，实属花开花谢，自然之理；被动而死，可能是形势使然，迫不得已；最难评判的就是主动求死，为理想、为尊严、为大义，死得其所。如果是生无可恋、自暴自弃，那就是弱者的无奈，死得值不值得呢？诸君自有评判。

伍尚主动求死，以成孝道，他的主动求死值得赞扬。伍子胥主动避死，以暴烈的复仇行为来尽孝，是一种个性化的选择。世人比较认可伍尚之孝，未必认可伍子胥之孝。知子莫若父，当时伍奢是二儿子的知己，他知道伍子胥之孝的深意，也知道楚国从此无宁日了。

伍子胥文武全才，有勇有谋，懂五行八卦，是建筑学家，懂政治、军事，如果没有他，可能就没有现在的苏州城，也没有让人着迷的水战文化，那可就是中国城市文化、园林文化、军事文化的重大损失。他即使担负不孝之名,也是值得的。如果中国历史上缺少了这样一位有个性的人物,历史都失去了很多色彩。

伍子胥逃亡并非懦夫的表现。古之所谓豪杰之士者,必有过人之节。他选择隐忍苟活,为的是奔赴大义,苦心经营复仇大业,成大孝之名。司马迁认为:"向令伍子胥从奢俱死,何异蝼蚁。弃小义,雪大耻,名垂于后世。悲夫!"随父俱死,固然可悲,但相比起眼看着父亲被杀、自己苟活于世来讲,要容易得多,而伍尚的死只能使亲者痛仇者快,无济于事,何异蝼蚁。勇者不必死节,真正的勇士不必为名节而死。伍尚死于名节,但远远不如伍子胥成功复仇来得大快人心。因此,伍子胥的选择具备值得世人肯定的价值。

伍子胥与楚平王死磕,是不是不忠?

许多专家发表宏论,认为当时没有"祖国"的概念,伍子胥的反抗,不是叛国,而是叛君。

其实,古今中外对"忠"的理解是不一样的,不能只用现代人的观念去理解古人。我们可以用伍子胥同时代人的观念来做一个参照。

伍子胥做的事情叫"血亲复仇"。这件事该不该做?冤冤相报何时了?老子不同意报仇,认为应该"以德报怨"。文质彬彬的孔子呢?《论语·宪问》中的说法比较隐晦,孔子不赞同以德报怨,认为应该"以直报怨,以德报德"。这个"直",杨伯峻先生注解为"公平正直"。孔子说得比较有技巧。

《礼记·檀弓上》中的说法比较直接。子夏问于孔子曰:"居父母之仇,如之何?"夫子曰:"寝苦枕干,不仕,弗与共天下也。遇诸市朝,不反兵而斗。"子贡问孔子:"对于杀害父母的仇人,应该采取什么样的态度?"孔子说:"睡觉要睡草席,要用盾牌来当枕头,不做官,

第二章　忠不忠模棱两可　孝不孝难画难描

与仇人不共戴天。若在集市或朝廷遇到仇人，不返回去拿兵器，而马上动手搏斗。"

在《礼记·曲礼上》中有类似的说法："父之仇，弗与共戴天。兄弟之仇，不反兵。交游之仇，不同国。"意思是：杀父之仇不共戴天；杀兄弟之仇立刻动手，不必返回去拿武器；帮朋友复仇，不与朋友的仇敌同处一国。

可见，在"血亲复仇"这个问题上，孔子不是一味温良恭俭让的。

比孔子、伍子胥稍后的孟子，言论激进，酣畅淋漓。《孟子·尽心下》有言："杀人之父，人亦杀其父；杀人之兄，人亦杀其兄。"

2009 年发掘的曹操墓，里面有一块画像石，记载的是一个七女为父报仇的故事。它讲的是一家没有兄弟的七姐妹，为了替父报仇，手执各种兵器围攻一队路经石拱桥的车马队伍的故事。如果这块画像石是曹操生时所选，那么可见他喜欢的程度。这可证明，从伍子胥时代向后推七百年，"血亲复仇"依然是个大孝行。

从伍子胥时代向后推约二百年，在商鞅变法时，有一个重要的政策就是"禁止私斗"，鼓励"勇于公战"。在私斗中，血亲复仇占了最大比例。因为小事而私斗，肯定要严格禁止。但血亲复仇经常是私斗的主要原因，如果要制止，就必须有司法的正义才能让人心服口服。

这样来看，伍子胥为父兄报仇，在当时应该被视为有血性的大孝行。然而问题复杂在，他要复仇的对象是一个国家的君主，孝与忠发生了强烈的冲突。

伍子胥该不该以楚平王为报复对象？是不是国君杀害了自己的父兄就要忍气吞声？

先看看与孔子、伍子胥同时代的晏婴如何对待这个问题。本系列丛书之《霸主之路》中有介绍：齐庄公看上了大臣崔杼（zhù）的妻子东郭氏，跑到崔家要与其发生超友谊关系，结果崔杼杀了他。晏婴到了事发现场，只是稍尽君臣之礼就转身走了，他的理由是，国君为了国家社稷而死的，臣子应该与他共存亡，但是像齐庄公这样因为私情、丑事而身亡的，只有他平时宠幸的奴才们才应该为他陪葬。

公私分明，没有愚忠。

为了说明这个问题，还是看《孟子·离娄下》中的说法："君之视臣如手足，则臣视君如腹心；君之视臣如犬马，则臣视君如国人；君之视臣如土芥，则臣视君如寇仇。"

孔子在《论语·八佾》中也有类似的表述："君使臣以礼，臣事君以忠。"

可见，孔孟都没有主张愚忠。无原则无底线的绝对效忠是后世不肖子孙和儒学罪人搞出来的。君与臣是对等的，只有君对臣有礼，臣对君才尽忠；只有君视臣为手足，臣视君才为腹心；如果君把臣当成犬马，那么对不起，臣就视君为普通人；如果君把臣当成泥土草芥，不把臣当人，随意践踏，那么君就是臣的仇敌，必须杀之而后快。

谁说儒家迂腐？这是非常具有现代精神的思想啊！是那些为了用儒学换取功名利禄的无耻文人硬生生把原始儒学变成了"学术注水肉"。

好，楚平王是什么人？他是一个靠着接连弑杀楚灵王、楚初王两位国君而窃取了公共权力的人，是一个把儿媳妇纳入房中的卑劣无耻的人，是一个视忠臣贤士为土芥、犬马的崇尚权势暴力的虐待狂。对这样的人，为什么要效忠呢？

楚平王屈杀伍子胥父兄难道就合理合法吗？难道伍子胥就活该坐以待毙吗？不该！在专制权力肆虐的时代，伍子胥的生存权利惨遭楚平王

第二章　忠不忠模棱两可　孝不孝难画难描

的剥夺，他不能等死。求生是人的本能，人在生存权利得不到保障时，唯有抗争。

吴王阖庐视伍子胥为手足，伍子胥视吴王阖庐为腹心；吴王夫差视伍子胥为犬马，伍子胥并未视吴王夫差为普通人，依然视之为腹心；楚平王视伍子胥为土芥，伍子胥视楚平王为寇仇。

功利境界的人，就是讲究价值对等。

没毛病。

按照当时的价值观，孝大于忠，家大于国，血缘共同体大于国家利益共同体。伍子胥的反抗，在当时受到尊崇，至于其过火行为，则应当批判。从孔子、司马迁这些学术权威和意见领袖对"血亲复仇"及伍子胥的"烈丈夫"行为的推崇，可以看出当时的舆论导向。

伍子胥的行为放在当代，肯定是违法的。楚平王同样犯法，是故意杀人罪。

商鞅在变法时，有一条重要的政策，就是"禁止私斗"。血亲复仇是私斗的主要原因。对于血亲复仇，当时鼓励有其道理，文明时代禁止更是正确的。

这种法与情、忠与孝、公与私、国家主义与家庭主义、司法公平与顺应人情、大义灭亲与子为父隐父为子隐等问题的纠葛，直到现在还在折磨着中国人。

第三章　目标同上下同欲　社稷臣鞠躬尽瘁

伍子胥与吴王阖庐，为何能够成就大业？

吴王阖庐和伍子胥两个人之遇合，确实是千古奇缘，一个雄才大略，一个出类拔萃。阖庐刀头舔血，冒着生命危险，通过政变夺取了政权。如果事先走漏风声，如果专诸、伍子胥叛变了，如果吴王僚确实不给一点机会，如果专诸现场失手，太多的如果，只要出现一个，历史就要被改写。还好，他冒险成功了！因此，他非常珍惜这来之不易、可以改写个人历史、可以青史留名的机会。他不满足于历史记录他时只记载一个"公子光"，他要做吴王，要挑战大块头的楚国，要让越国永远称臣，要做霸主。因此，他加倍努力。尤其幸运的是，他遇到了更加努力并才干卓越的伍子胥。作为死里逃生跑到吴国的楚国人，伍子胥想要完成的任务是一个人报复一个国家，本来是不可能完成的，但是，他就是这样的幸运——他参与了吴王阖庐的夺权行动，并且成功了。他们俩在攻击楚国、打击越国这个大战略上，出奇地一致。光有想法不行，还得

第三章 目标同上下同欲 社稷臣鞠躬尽瘁

有能力、智慧、机遇。在他们俩的人生中，这些都有。最关键的是，二者投缘，即便耿直如伍子胥，吴王阖庐也能包容、理解，这才是最关键的。于是，他们在中国大历史中，合作完成了历史专业的毕业论文。

西汉初年，周勃在消灭吕氏集团、拥立汉文帝登位的过程中，发挥了重要的作用，因此在初期，汉文帝对周勃非常客气。有一次汉文帝与袁盎（àng）在谈到对周勃的定位时，袁盎认为周勃只是功臣，不是社稷臣。社稷，指古代帝王所祭祀的土地神和谷神，社为土地神，稷为谷神。历代王朝建国之始，都要设立社稷坛，因此社稷常用作国家的代称，社稷臣也就是事关国家兴衰存亡的重臣，或者能与国家同生共死的大臣。在吕氏集团专权横行的时候，周勃并没有为国家死难，因此，袁盎认为周勃是功臣，但算不上社稷臣。

伍子胥是社稷臣。

伍子胥与吴王阖庐的关系已经超越普通的知己和君臣关系。伍子胥把自己与吴王阖庐视为一体，把吴国视为祖国，吴王阖庐的成败就是他自己的成败，吴国的兴衰就是他自己的兴衰。为了吴国的强大，为了吴王阖庐的霸业，他鞠躬尽瘁、付出一切也在所不惜。如果吴国灭亡了，他就没有存在的必要了。这不是我们能够理解的一种精神境界，不是普通意义上的愚忠。

在中国历史上有很多周期律，类似的故事一遍遍地上演，只是换导演、换演员和换场景而已。古代君主在打天下的过程中，往往能够听进去逆耳忠言，因为不听逆耳忠言的，脑袋就很容易被咔嚓掉；当危机过后开始坐天下、自己变得"英明伟大"之后，他就很难听进去逆耳忠言，只喜欢听阿谀（ē yú）奉承之言了。

高明的领导人应该经常问"元芳，你怎么看"，只有多问一些"元芳",汇集不同意见,才有利于进行战略决策。

若论君主的个人素质,大多数都是普通人,只是投对了胎,只是权力给他们涂脂抹粉了,只是宣传工具为他们做品牌营销了。大多数有为的君主,都是靠智囊团打造出来的,或者是艰难困苦历练成的,比如齐桓公有流亡的经历,晋文公遍尝人世艰辛,越王勾践差点亡国,是艰难困苦历练出了他们超强的素质。一旦他们自认为天下唯我独尊,不再听不同意见、反对意见、建设性意见时,他们的决策能力和战略预判能力就立刻变得非常一般,并没有高人一等。

在《孙子兵法·谋攻篇》中提到了,一个有战斗力团队的特征是"上下同欲",就是君臣一体,具有相同的欲望、一致的目标,这样的团队才能打胜仗。如果国君堵塞了言路,就不会有"上下同欲",就不会有来自心底的价值认同,就只有为了功名利禄而进行的权衡,就只有在权力的逼迫下所表现出的唯唯诺诺。

不能说吴王阖庐跳出了这个历史周期律,但是,他在当政 19 年左右的时间里,确实没有对伍子胥这样直言敢谏的臣子做出卸磨杀驴的不义事情。并不是到了吴王夫差时代,伍子胥才这样说话、这样做事,他一直没有变。吴王阖庐认为,直言敢谏是一个忠臣、重臣、社稷臣该有的样子,不敢说欣赏,但绝对是宽容的。可是,吴王夫差却把伍子胥的直言敢谏当成了找病、找死、招人烦。另外,作为老臣,他很容易把后代君主看成子侄辈,可能确实有让人不能容忍的地方。如果后代君主是刘禅那样软弱的性格,还可能容忍,如果后代君主是吴王夫差这类强硬的性格,最后就只能鱼死网破了。不论伍子胥的意见对与不对、好与不好,最后都变成了一种意气之争。这是伍子胥能够辅佐吴王阖庐争雄却无法挽救吴王夫差灭亡的一个重要原因。

第三章 目标同上下同欲 社稷臣鞠躬尽瘁

中国社会一度变得世俗、功利、物质，因此很多人对伍子胥等人的一些想法，不是非常理解。从世俗的眼光、功利的视角来看，伍子胥简直是"顽固不化"。

要知道，伍子胥与孔子、晏子、孙子等是同时代人，都是"学术大家"，怎么可能是一个世俗、功利、物质、只考虑个人得失、满大街都是的普通人呢？

吴王阖庐是伍子胥的知音。

第四章　差距大见钱眼开　政见异鹰鸽斗法

伍子胥与伯嚭，做人的差距怎么那么大呢？

伯嚭曾经因为贪功冒进，给吴军造成了巨大的损失。孙武劝伍子胥趁机用军法灭了他，可是伍子胥心有不忍。如果历史的记载是正确的，伯嚭家族和伍子胥家族都毁于费无忌之手，而且他俩都选择逃到了吴国，那么他们本来是同病相怜的。刚开始，伍子胥对伯嚭多有扶持，而伯嚭立足未稳，也需要这份帮助，那时两人的关系处在难得的蜜月期。可是，当伯嚭获得了吴王的信任之后，事情就起了变化。

史官是社会的良心，可能他们必须更加关注社会正义，所以在记录历史的时候也迫不得已做一些选择。确实，几本关于吴越历史的书中都没有记录伯嚭的实际才能。吴王夫差喜欢听奉承话没错，但是吴王阖庐不会容忍草包，伯嚭应该是有一定能力的。此前说过，抛开忠奸二元论的视角，伯嚭只是愿意对领导说"高，实在是高"，因此让平庸的领导人心花怒放。伍子胥恰恰相反，他性情耿直，不与不正之人同流合污。

第四章　差距大见钱眼开　政见异鹰鸽斗法

他为了国家的利益，不惜牺牲生命也要直言劝谏。他爱君王如爱自己，关心国事像关心家事，是非分明，敢于直言。吴王阖庐欣赏他，但吴王夫差慢慢厌恶他了。

伍子胥认清伯嚭的真面目之后，就真是道不同不相为谋了，两人已经无法做到保持基本的礼节了。伍子胥看不上伯嚭的谄媚，伯嚭看不惯伍子胥的刚直。在吴王夫差这个仲裁者面前，顺情说好话的伯嚭明显占有优势。伍子胥被公认为人格高尚，可伯嚭却在吴王夫差面前攻击他人格低下，说他对父兄弃之不顾。虽然伍子胥这么做是为了实现大复仇计划，但这却成了他最难解释的道德污点，成了政敌攻击他的重点，伯嚭专门盯住这个地方，一直痛击。其实，伯嚭也是家族破败，自己因而逃到了吴国，如果说伍子胥有错，那么他也同样有错，可是吴王夫差视而不见。

这些还不是根本。伯嚭顺情说好话只是为了捞取一些好处，获得活在世上的成就感。每个人都有获取成就感的权利。尽管伯嚭的这种获取是不道德的，但是也有其可怜之处。伯嚭与伍子胥最大的不同是他纵容君主犯错，是君主的影子，亦步亦趋，没有原则，领导的意志就是他的意志，领导的想法就是他的想法，领导安排的事情一定要做好。看起来，这没有什么错误，但是，如果领导的战略是错误的呢？

身处芝兰之室，久而不闻其香；身处鲍鱼之肆，久而不闻其臭。长时间被谄媚的谎言和人为制造的神话所包围，吴王夫差之流早就从英明神武的君王蜕变成了硕果仅存的蠢货。可他依然自命不凡，成了人世间最冥顽不化的一块石头，只有血，鲜血，才能唤醒他，而大多数这样的蠢货只能留下千古遗憾，再无翻盘机会。

当时，吴王夫差把吴国打造成了一辆巨型战车，走上了军国主义崎崎岖不平的小路,旁边就是万丈悬崖,稍有不慎就万劫不复。可是,伯嚭不管不顾,只要吴王喜欢,他就在后面盲目推车,哪怕车头都朝向了旁边的悬崖。不是给伯嚭泼脏水,他这样的人只能锦上添花,不能雪中送炭。他只是滥竽充数的南郭先生,如果在危难之际让他独挑大梁,他肯定立刻就现出原形。

如果他和伍子胥能保持同样的战略水平并头脑清醒,一同制止吴王夫差的战略错误,吴国的历史不至于戛(jiá)然而止。

这才是伯嚭最大的恶,也是他和伍子胥最大的区别。

第五章　孙武子走为上计　伍子胥矢志不渝

伍子胥与孙武，最后的人生结局为何如此不同？

这两人算是知己。是因为有了伍子胥的大力推荐，孙武才走到了历史的前台。当然，以孙武的能力而言，出不出山，只看他想不想。然而，是被三顾茅庐而出山，还是自己毛遂自荐而出山，这对于孙武这种自尊心极强的高级军事专家而言，还是有区别的。假如伍子胥是伯嚭那样的只关注自己权位和利益的人，就会想，如果孙武得到重用，自己被排挤掉了怎么办？可见，伍子胥忠心为国，不是虚文。

从能量级别、能力层次上看，伍子胥与孙武两人在伯仲之间，可能顶多就是八级、九级的区别，因此他们之间可以在战略和"道"的层面上进行对话，就像范蠡，别人都说他是疯子，只有文种知道他是大才。

一般来讲，人只能理解和自己处于相同精神层次的人。伍子胥与孙武两人的最大公约数就是对于军事理论和军事实践的钻研和喜爱。我们甚至可以做一个合理的假设，《孙子兵法》的伟大里也有伍子胥智慧的荣光。

　　但是，他们二人在性格、原生家庭、来吴原因、理论修养、人生理想和对吴王的认知等方面，还是有很大不同的。

　　如果说伍子胥是来自地狱的一团火，天生就带有一种玉石俱焚、自我毁灭的威猛刚烈，那么孙武就是一潭深不见底的水，表面波澜不惊，但是内里汹涌澎湃。他们都有极强的生命力和意志力，但是在表现形式上各有不同。

　　伍子胥原生家庭遭遇的不幸，让复仇成了支撑他活下去的主要动力。后来他的思想产生了极大的变化，就是有了一种参与改变历史的责任感。可见，家庭的影响始终是非常深远的。

　　孙武的家世，历史的记载语焉不详，但还是留下了线索。他的家族本姓田，后以封地为姓，改姓孙。孙武，字长卿。祖父孙书（齐国大夫）、父亲孙凭，皆以军事见长。在孙武生活的年代里，齐国的田氏家族正在使出各种各样的手段窃夺姜氏的政权。在前后大约一百年的时间里，齐国政局一直动荡不安。我们现在知道田氏成功了，但是在孙武时代，田氏与姜氏的对决还是一个未知数。其实孙武的这次出走是为了避祸。孙武家族有学术传统，他避难吴国，选择的是隐居林泉，应该是在深度思考军事理论，志在创作，加上军事学家考虑问题都是从最坏的角度来进行战略策划的，这让他具备了伍子胥不具备的清醒。他心思缜密，冷静沉着。

　　孙武和伍子胥两人都知行合一、文武全才。孙武偏于学者型，伍子胥偏于实战型。孙武适合当第一政委，伍子胥适合当总司令。伍子胥看重现世的立功，孙武看重超脱现世的立言。因为超脱，所以他把自己视为客卿，并没有从心底把吴王的功业视为个人价值的唯一归宿，他有自

第五章 孙武子走为上计 伍子胥矢志不渝

己的使命和理想。虽然他是军事学家,但不是一个军国主义者,甚至是反对军国主义的。然而,吴王阖庐和吴王夫差都奉行大棒主义,两人的视野、格局和底蕴都有瓶颈,只是吴王阖庐多了一些理性,并且能够任用贤才。可是随着时间的推移,吴王阖庐的弱点都暴露出来了,这就使孙武毫不犹豫地选择离开。可伍子胥不是这样的,他把自己和吴王视为一体,与吴王是你中有我、我中有你、一损俱损、一荣俱荣的命运共同体关系,因此他才执着于劝谏、直谏、死谏。吴王如果毁掉吴国的事业,就是毁掉伍子胥的事业,因为伍子胥已经把自己的一切都融入了吴国之中和吴王之身。当看着吴王向悬崖冲刺时,伍子胥异常痛苦。

孙武可以称得上是吴国的范蠡,而伍子胥就是吴国的文种。

伍子胥不如孙武之处,就是执念太深。

第六章　名士志名士能识　英雄心英雄可知

　　伍子胥与越王勾践，是否称得上吴越争霸大戏中的并列男一号？

　　唯大英雄才能欣赏大英雄的狂放不羁，唯大英雄才能洞见大英雄的心肝肺腑。

　　只有伍子胥才懂越王勾践的心思和意志力，只有最强大的敌人才配得上成为对手。

　　可以说，能够真正理解越王勾践的只有两个人，一个是范蠡，另一个是伍子胥。

　　范蠡能看透越王勾践，是因为他们朝夕相处，有很多决策和为人的细节可供揣摩；伍子胥能看透越王勾践，是因为他作为一个可以为了复仇而忍天下人所不能忍的奇人，最懂勾践为了复仇能隐忍到什么程度。不是当事人很难理解，在忍辱奋斗的过程中需要付出多少体力、耐力、精力和勇气；不是当事人很难理解，被复仇和远大理想所折磨的灵魂有多么痛苦；不是当事人很难理解，在这个过程中是多么担心性命夭折而

第六章 名士志名士能识 英雄心英雄可知

含恨九泉之下；不是当事人很难理解，为了实现这一目标需要在人前做出多少伪装来掩盖自己奋斗的意志。这一切，伍子胥都经历过了，所以他知道越王勾践卑躬屈膝的背后隐藏着的那股有一天会翻江倒海的力量。吴王夫差不懂，伯嚭不懂，文种也不懂。范蠡懂了，所以他助越王勾践成事之后选择了逃离；伍子胥懂了，所以他一再劝说吴王夫差斩草除根杀了越王勾践。

不能把吴越的历史只看成两个男人的复仇史，那样理解历史，格局太狭隘。可是又不能否认，是这两个立志复仇的男人给历史增加了太多的诡异和绚丽。

伍子胥的生卒年大概是公元前 559 年至公元前 484 年，按照周岁算是 75 周岁，这在当时可是极其了不起的。命运剥夺了他的家庭幸福，却也给了他足够的时间来实现理想，这是非常公平的。

伍子胥在吴王僚五年，即公元前 522 年，来到了吴国，此时他 37 周岁。吴王僚十三年，即公元前 514 年（此年也是吴王阖庐元年。一般新任君主次年改元，可能他这是政变夺权，所以当年改元），吴王阖庐政变（《左传》记载，政变时间为公元前 515 年）成功，此时他 45 周岁。吴王阖庐九年，即公元前 506 年，吴军攻破楚国的郢都，此时他 53 周岁。从 37 周岁到 53 周岁，他大概用了 16 年时间完成了自己第一阶段的目标——复仇。在他出现之前，中国历史上从来没有出现过这样和君主死磕到底的臣子，也没有出现过如此具有传奇色彩的个人奋斗历程。

越王勾践的生卒年为约公元前 520 年至公元前 465 年，按照周岁算大概是 55 周岁。因"卧薪尝胆"的典故，勾践成为不惧怕失败与屈辱并敢于拼搏的楷模。

越王勾践在公元前 496 年继位，此时他约 24 周岁。这是一个大学刚刚毕业的年龄。他还没有来得及到社会上历练一番，就直接掌管了一家巨大的家族企业。公元前494年，槜（zuì）李之战失败，此时他26周岁。从这时开始，他经历了一段屈辱的人生。公元前483年，趁着吴王夫差参加黄池大会时突袭，他才取得了战争的主动权，此时他37周岁。到了此时，他只是摆脱了被动挨打的局面，可以主动出击，但并没有彻底击败吴国，他依然需要竭尽全力地去战斗。直到公元前473年，吴王夫差战败自杀，他才算取得完胜，此时他47周岁。从26周岁到47周岁（以上认定的年龄，只是约数，为了直观，不可过分较真），越王勾践奋斗了大概22年，取得了根本性的胜利，他也从一个"政治小鲜肉"，成了一位成熟的政治家。

在越王勾践之前，基本没有这样的君主。此前有个晋文公重耳，虽然也在外流浪19年，在62岁时登上晋国国君的宝座，但是他流浪时依然是个贵族，再落魄也有贵族公子的派头，不像越王勾践，入吴做人质时，自己和第一夫人的特权被自己剥夺得一干二净。即使后来回国了，他们两人也把自己当成越国的普通人，除了完成自己的法定职责之外，还要深入一线起模范带头作用，以便最大限度地激发出越国的潜能。越王勾践之后，也难看到那样的君主。

伍子胥、越王勾践那样的贵族，享有高等教育权和各种高端资源，成为一个社会寄生虫是很容易的。不仅仅是他们，所有生来就拥有一切的人很难抵御腐化堕落带来的精神刺激，想让他们脱胎换骨，除了苦难别无他途。

不知哀，不知忧，不知劳，不知惧，不知危，怎么知道人世的艰辛呢？这样的人，用人和做战略规划能精准吗？古往今来凡是能做成大事的君主，一定是因为某种机缘到社会实习过的，那种"生于深宫之中，

第六章 名士志名士能识 英雄心英雄可知

长于妇人之手"的君主如果能够做出功业来,那就是天生的领导人了,不过那样的人少之又少。

伍子胥和越王勾践被生活历练之后,变成了远远超出他们那个阶层的人所能想象的样子。吴王夫差理解不了越王勾践,但伍子胥理解越王勾践。

这一段历史和这些人物,在当时就造成了轰动效应,后来成了经典的案例,经常被人推演、复盘,再后来,就成了传奇。

传奇的伍子胥,最懂越王勾践坚忍的心。

第七章　宜将剩勇追穷寇　不可沽名学夫差

伍子胥与吴王夫差，最大的分歧是什么？

伍子胥与吴王夫差，最大的分歧是战略上的分歧，无法调和。无法调和，到最后，只能你死我活。

战略，猛一看，是一个离普通人非常遥远，并且涉嫌"高大上"的词语。其实，它并不遥远，并且存在于每一个人的生活当中。这里所说的"战略"，泛指决定全局的策略。不仅仅政治、军事人物需要考虑战略问题，小人物同样需要考虑它。当一个人感到迷茫、找不到生活的方向了，这个人就是没有清晰的战略了。否则，人怎么会迷茫呢？战略问题就是方向、方针、路线、政策问题，首要的是方向问题。如果两个人是一个团队中的人，需要决定团队的发展方向，一个要向南，另一个要向北，这就是具有重大的战略分歧。如果两个人是一个要向北，另一个要向东北、西北，这是可以调和的，因为他们的大方向一致，交集依然在北方。

第七章　宜将剩勇追穷寇　不可沽名学夫差

◎伍子胥与两位吴王在战略上的配合度

如果伍子胥是伯嚭，没有个性，也不忠诚，只有自己的算计，那么他和吴王夫差就不会出现如此重大的战略分歧。既然夫差是吴国的法人代表，是下最后决心的人，是能承担所有责任和后果的人，那么就听他的好了，可是伍子胥做不到。他认为，为了吴国的长远大计，应该选择最有利于国家发展的战略,即便他是国君,也只是吴国的一分子,不能把自己凌驾于国家利益之上。这是吴王夫差绝对不能容忍的。

要理解这两个人的分歧,还是要选择一个案例来讲解一下。铁血宰相俾(bǐ)斯麦在德皇威廉一世时完成了德国的统一,建立了不世功勋,成为德国人心中的英雄。可是威廉二世登基之后,却解除了俾斯麦的职务。两个人最大的分歧是,俾斯麦要稳固德国的欧洲霸主地位,威廉二世要争取世界霸权,发展海军。俾斯麦关注大陆政策、均势外交、欧洲霸权,威廉二世奉行世界政策,要寻找阳光下的地盘,全力扩大殖民地,并且要扩充海军。除了战略上的分歧之外,威廉二世认为自己比俾斯麦更高明。"高明"的威廉二世在世界上纵横捭阖,结果搞出了第一次世界大战。

可以说,俾斯麦就是"德国的伍子胥",而威廉二世就是"德国的吴王夫差"。

吴以伍子胥、孙武之谋,西破强楚,北威齐晋,南服越人,进而显名诸侯。这是孙武、伍子胥为吴国制定的争霸总战略。第一阶段,西破强楚,已然实现;第二阶段,南服越人,基本实现;第三阶段,北威齐晋,未来实现。战略目标非常清晰、明确。

在吴王阖庐时代,第一阶段的战略目标实现了,在实现第二阶段的战略目标时,吴王阖庐因为在槜李之战中负伤病死,就由吴王夫差来接班。吴王夫差在开始两三年中,时时不忘父仇,并且让人时刻提醒自己,目标明确。在夫椒之战中,吴王夫差击溃越军,越王勾践只剩五千人退守会稽山。

此时,吴王夫差与伍子胥出现了第一次重大战略分歧。

伍子胥认为"宜将剩勇追穷寇",此时只是击溃了越军的主力,越

第七章 宜将剩勇追穷寇 不可沽名学夫差

国的军事潜力依然存在，应该乘胜追击，彻底征服越国。但是，有人说，夫差是一个有贵族精神的人，认为既然越国已经表示臣服，就会坚守信义，因此，与伯嚭想法一致，接受了越国的请降。如果因此而赞扬夫差的所谓贵族精神和契约精神，这类人的呆气可以直冲云霄。

契约精神和贵族精神都要针对同样具有契约精神和贵族精神的对象，还要有保证契约精神与贵族精神得以实现的实力和机制。如果是个人，不论对象是谁，都可以保持自己的契约精神和贵族精神，即便因此受损，也是求仁得仁，而且个人的损失总是小的。但如果是一个君主，那么遭受损失就不是一个人所能够承担的了。这样说，不是说君主不需要契约精神和贵族精神，读者一定不要理解偏了。一个君主决策的依据就是利和害，必须考虑得与失，尤其进行外交活动或者与敌对国家进行较量时。如果一个掌握着亿万人民幸福的国家决策者拘泥于小道德，不去追求符合国家利益的大道德，最后就是对敌人的道德，对自己国民的无德。

从时代背景来看，此时正是春秋末期、战国初期，是一个思想观念的更新期和碰撞期。春秋时期的霸主在争霸的过程中也兼并土地、掠夺人口，但是他们更加看重道义、信义和结盟活动，比较看重个人形象问题，如果对方表示臣服并遵守盟约，还是能保留基本的外交体面的。可是到了战国时期，基本就是赤裸裸的利益之争了。在这个博弈规则的转换期，可以说，吴王夫差持有"旧观念"，伍子胥则多了一些"前瞻性"。可是超前的伍子胥没有办法让吴王夫差接受自己的战略。战略上的分歧反而导致两人隔阂更深。让人感到惋惜的是，吴王夫差"守信"，而范蠡和越王勾践则完全不那么回事，该吞并吴国时一口吞下，毫不犹豫。因此，吴王夫差的所谓"守信"，不能成为效法的对象。

下面这段话虽然不是出自信史,而是出自《东周列国志》,但是作为战略家的伍子胥,应该会说出。他在吴国活动的历史有 38 年之久,这么长的时间,如果写《伍子胥年谱》,那得要多少文字才行啊!史书才能记载多少?这段话不一定可信,但是显示出了伍子胥的战略清醒。他不同意放过越国,不认同伯嚭的短视。

伍子胥谏曰:"越与吴邻,有不两立之势,若吴不灭越,越必灭吴。夫秦晋之国,我攻而胜之,得其地,不能居,得其车,不能乘。如攻越而胜之,其地可居,其舟可乘,此社稷之利,不可弃也。况又有先王大仇,不灭越,何以谢立庭之誓乎?"这段话的大致意思是说,吴国与越国,势不两立,不是吴国灭掉越国,就是越国灭掉吴国。如果攻击秦晋等国,即便得胜了,占有的土地也守不住,得到的兵车也不能用。在吴越之地,主要的战斗形式是步战和舟战。攻击越国,得到的土地守得住,得到的战船立刻能用,这才是对国家真正有利的事情,不可放弃啊!况且越王勾践是先王的仇敌,不灭掉越国,怎么对得起先王,怎么对得起你曾经立下的誓言呢?

这是非常清醒的认识,其实就是远交近攻。据《史记·范雎蔡泽列传》记载,伍子胥之后约二百五十年,范雎对秦昭王说:"王不如远交而近攻,得寸则王之寸也,得尺亦王之尺也。"范雎的意思是,不做徒劳无益的争霸,得一寸是一寸,得一尺是一尺,土地守得住,战利品用得着。

越王勾践第一次攻入吴国首都时,马上"徙其大舟",就是把吴国的主力战舰抢走了,因为它可以立刻用于武装越军。

"北威齐晋,显名诸侯",这是伍子胥和孙武早就确定的战略方针。伍子胥对于争霸天下的宏图伟略是支持的,只是实行这个战略的时机和

第七章　宜将剩勇追穷寇　不可沽名学夫差

方式，他与吴王夫差有本质的不同。要想进攻齐国、晋国，不是不可以，但是一定要把越国彻底征服之后才可以。尤其是，如果越王勾践是一个熊包，表示臣服，交粮纳贡，还可以延缓，但他是一代雄主，并且正在国内养精蓄锐、磨刀霍霍，就等着给吴国致命一击，这就不能延缓了，必须先征服它。但是，吴王夫差对此视而不见，认为越国掀不起风浪，只把眼光投向中原，不管经济，只重军事，并且不惜民力，大建水利工程。

子贡对吴王夫差的评价是"吴王为人，贪功名而不知利害"（《吴越春秋·夫差内传》）。贪功名而不知利害，这是自取灭亡之道。

哲学家冯友兰把人分成四个境界，自然境界、功利境界、道德境界和天地境界。他认为抵达天地境界的只有老子一人，孔子只到达道德境界，绝大多数人都在功利境界，一小撮社会败类只在自然境界（这不是冯先生的意思哈，是笔者的意思）。君主在功利境界的顶端，如果君主不把功利问题搞清楚，就会天下大乱。

伍子胥作为一个战略家，对利害、得失问题，是盘算得非常清楚的。在吴王夫差想要讨伐齐国时，伍子胥苦口婆心地劝说，此文记载在《吴越春秋·夫差内传》中。原文太长，不转述。笔者直接翻译其大意如下。

伍子胥说："我听说，出动十万大军到千里之外作战，百姓的费用、国家的支出，每天都以数千金计算。不顾念士卒的生死，只追求一时的胜利，这是把国家和个人都放置在一个极端危险境遇的行为。况且与强盗为邻（指越国的威胁近在咫尺），却不知道思考此中的危险，反而向其他国家用兵，招致他国人怨恨，只求侥幸得胜，这就好像治病时只治疗皮肤上的疥疮小疾，而对心腹之患视而不见一样。如今齐国田氏家族正在谋夺国家政权，内患丛生，并不会对吴国造成任何威胁，我们却要去攻打它。而且如果我们要去攻打它，需要越过楚国、鲁国的边境才能进入齐国，这都增加了行军用兵的难度。况且，齐国对于吴国，只是疥疮小疾，越国对于吴国，才是心腹大患，这个病一旦发作，就是不治之症啊！即便不发作，也是巨大的隐患。愿大王先平定越国，再讨伐齐国。我的这个主张一直都是坚定不移的。我敢不竭尽忠诚吗？我现在年纪老了，耳朵也失聪了，凭我这混乱的脑子，对国家也没有益处了。"这话说得非常到位，也让人感觉到了一个老人无奈的心酸。

到了这个时候，只要是伍子胥说的，不论好坏、对错，吴王夫差就是"不听，不听，我不听"。他只有在自杀的前一刻才会深刻思考伍子胥的建议。

在所有的团队合作中，不论是政治集团、军事集团、文化集团，还是经济集团，哪怕两个朋友相交，决定能否走到一起、能走多远的，最主要的就是战略、方针、理念是否一致。志同道合，"道合"是根本。如果你认为走阳关道好，他认定走独木桥好，肯定无法志同道合。如果因为利益共同体的关系，必须在一起，也只是貌合神离、同床异梦，进而互相猜忌、彼此掣肘（chè zhǒu，拉住胳膊，比喻阻挠别人做事），极端的情况就是你死我活、势不两立。伍子胥一直到生命的尽头，都想和吴王夫差心贴心，都想支持吴国的大业，只不过落花有意，流水无情。在吴王夫差的眼里，伍子胥就是一个没有用处、死不退休的倔强老头，只是因为他是父亲留下的政治遗产，之前立过大功，偏偏还是长寿明星，所以自己一时也没有办法。

这就是两人不可调和的战略分歧。伍子胥自始至终都把眼光盯在越国身上，按照他的战略构想，不只是让越国臣服，还要把越国蒸熟了煮

第七章　宜将剩勇追穷寇　不可沽名学夫差

烂了，哪怕是骨缝儿里的肉都要剔除干净，然后摆上全套的餐具，慢条斯理地享用它。等享用完了，再与齐晋这些传统强国一较高下。

伍子胥一直坚持"越国威胁论"，这个观点从未动摇过。他想吞并越国，建立"大吴国区"，开发好"长三角"，做一个名实相符的区域性强国。可是，吴王夫差对细致开发"长三角"不感兴趣。他不自量力，想当霸主，可能梦想着像齐桓公、晋文公一样，在列国事务中成为明星级政治家。

这种战略的差异，不可调和，只能以伍子胥的失落和吴王夫差的失败来告终。

第八章　天作孽可原可恕　自作孽血债血偿

伍子胥到底有没有犯下战争罪？

在攻陷楚国都城之后，他们可能进行了有组织的犯罪。

如果按照政治正确的观点，除了反侵略战争，一切主动的进攻都应该被谴责，可这只是一种政治正确。古今中外，发生的战争不可胜数，争名、争利、争道统，五花八门。在中国，有"春秋无义战"的说法，除了个别的战役确实有尊王攘夷、保护文化道统，或者铲强扶弱的意味之外，绝大多数战争都没有道义可言。吴、越、楚之间的争霸战争，同样如此，没有谁绝对正确。军人在战场上杀人，虽然同样不可原谅，但是可以理解。所有被现代文明定义为犯了战争罪的，一定是有了有失人道的虐待俘虏和杀害百姓的行为。

此前的文章曾经分析过，春秋时期的战争，在残酷性上远远不能和后代战争相比。它受限于战争手段和技术，战争的动员能力有限，战争的时间较短，加之受到西周礼法制度的影响，非常讲究"战争公约"，

第八章 天作孽可原可恕 自作孽血债血偿

有一套繁复的军礼制度,甚至对敌人,也能保持一种贵族精神。那时打仗,不杀黄口,不擒二毛,就是不杀未成年人,不擒拿头发已经黑白相间的老年人。那时并不像到了战国时期,战争单纯以对对手进行毁灭性打击、掠夺财富和人口为目的。

笔者看了很多资料,没有发现吴军有明显的像战国、秦汉时期那样的屠城记录。攻入楚国都城的吴军,可能对楚国各级贵族妇女进行了占有。即使记载得相对详尽的《吴越春秋》,也没有记载吴军对于楚国百姓的赤裸裸的掠夺。当然,这也可能出于作者的曲笔维护。作者都是有立场,也有迫不得已的自我保护。在吴国第一次打败越国之后,吴军只是以越军为主要打击对象。史料上没有吴军对于越国百姓进行大规模屠杀的记载。

说到贵族政治家,笔者非常认可晋文公。有说吴王夫差具有贵族精神的人,恐怕还忽略了一条史料。《左传·哀公十三年(公元前482年)》记载:"王欲伐宋,杀其丈夫,而囚其妇人。大(太)宰嚭曰:'可胜也,而弗能居也。'乃归。冬,吴及越平。"这个王,就是吴王夫差,因为宋景公没有出席黄池大会,夫差就想去讨伐宋国,准备把宋国的男子统统杀掉,把妇女都俘虏过来。太宰伯嚭这回说了一句冷静的话:"我们虽然能够战胜宋国,但是我们不能守住宋国啊。"吴王夫差听了伯嚭的话,返回了吴国。冬天,吴国与越国讲和。这个时间段发生的事,此前多次谈过,越国趁着吴王夫差参加黄池大会,发动了第一次大规模突袭,动用兵力约49000人。按照《左传全译》中对日期的注解,六月十二日,勾践分两路出兵,一路以他为首,一路以范蠡、舌庸为首,带领部队,沿着海路进发,再逆淮水而上,断绝吴军的归路。他这一路的先头部队由畴无余、讴阳推进到吴国国都的近郊。六月二十一日,畴无余、讴阳失败，被俘虏，随后，勾践大军赶到。六月二十二日，越军大败吴军，俘虏了吴太子友、王孙弥庸、寿于姚。六月二十三日，越军攻入吴国国都。当这个消息传到黄池时，夫差斩杀了七个报信人，而黄池盟誓，正式"签约"，则在七月七日举行，夫差错过了半个月的救援时间。夫差想要攻打宋国，不知是在回军途中，还是已经回到了吴国国都之后。可见，那时，他还没有深刻认识到问题的严重性，依然没有把战略重心放在越国身上，还在思考他的霸主问题。他依然是"因怒而兴师""因气而兴师""因名而兴师"，没有"因利而兴师"。那次军事行动没有付诸实施，但是夫差确实有杀光宋国男子、俘虏宋国妇女的想法。难怪他在当时就有"无道"的评价。假如他实施了，那将是当时少有的军事暴行。

当然，不可否认的是，战争会对百姓的生活造成巨大的影响和冲击。一个被入侵国家的老百姓，不可能保持原有的生活状况不变。任何霸权主义行径都应该被谴责。如果放在现在，伍子胥肯定要被以战争罪起诉。

有一个记载，如果是真实的，那么吴军在楚国时的军纪，确实需要打个大大的问号。

《吴越春秋·阖庐内传》中记载，阖庐有个女儿叫滕玉。有一次阖庐、夫人、滕玉一起会餐。吃蒸鱼的时候，阖庐先吃掉了一半，然后把剩下的一半给女儿。其实，一家人这样吃饭很正常。可能这不符合当时的礼仪，或者是滕玉被骄纵惯了，或者是她本身有极严重的抑郁症，她竟然因此而发怒，怨恨地说："父王给我吃剩下的鱼，以这样的方式来羞辱我，我不能如此忍气吞声地活下去。"她竟然自杀了。

阖庐为此悲痛极了。他大兴土木，修建了豪华的坟墓，并且陪葬进

第八章　天作孽可原可恕　自作孽血债血偿

去黄金鼎、宝玉杯、银酒樽、珍珠袄等。他是吴王，不用节约丧葬，不搞"绿色经济"，再奢侈也无可厚非。为了弥补自己的愧疚，为了凸显父亲的爱，他这么做，可以理解。可是，他又做了一件事，却该杀。他知道国人喜欢看热闹，于是就派人在国都的闹市区舞弄白鹤，引来了大批围观的人。舞鹤之人慢慢把这些观众引到了滕玉墓地的墓门，接着打开机关袭击这些人，让这些人为滕玉殉葬。阖庐杀死活人来给自己女儿殉葬，国人都非议这件事。

如果这件事属实，那么吴王阖庐的残暴就让人发指了。他对本国人尚且如此，那么到了楚国，其残忍的本性发作了，应该更加肆无忌惮，秽乱楚国官廷就只是小儿科了。

然而，这个记载，在其他典籍上没有看到。如果它只是史籍孤证，那么其可靠性就值得怀疑。况且，这和《国语》的记载还发生了矛盾。

一直声明，《吴越春秋》相对来说不可靠，传奇色彩大于史料价值，而《国语》相对可靠一些。

《国语·楚语下》记载，楚国的令尹子西在吴王夫差继位之后，非常担心，蓝尹亹（wěi，形容勤勉不倦。蓝尹，一表复姓，二指楚国官职。董说《七国考·楚职官》引《楚书》云："蓝尹陵尹分掌山泽位在朝廷。"）问他，为何如此叹息。子西说："阖庐曾经打败我们的军队。阖庐去世了，我听说他的儿子夫差更胜于他，我因而叹息。"蓝尹亹回答说："你只需关注自己政事和德行的修治，不必担心吴国。阖庐嘴巴不贪图山珍海味，耳朵不听靡靡之音，双眼不看美人美色，身体不贪求安逸享乐，从早至晚，勤于政事，体恤民生疾苦，听到一句有益的话就非常惊喜，得到一位贤士的辅佐就如同获得了赏赐一样高兴，有了过错就一定改正，有不好的言行举止就非常惊惧，因此深得民心，并实现了自己的理想，包括战胜楚国（原文很精彩：夫阖庐口不贪嘉味，耳不乐逸声，目不淫于色，身不怀于安，朝夕勤志，恤民之赢，闻一善若惊，得一士若赏，有过必悛，有不善必惧，是故得民以济其志）。然而，吴王夫差和他父亲的行事作风完全不同。据说他为了满足个人的喜好，搞得百姓精疲力竭。他放纵自己的错误，拒绝接受忠臣的劝谏，哪怕是只住一晚的所在，也要建设正规的行宫，台榭园池一应俱全，声色犬马随行。夫差首先会把吴国搞垮，又怎么能打败别人呢？您好好修治德行，就等着吴国的败亡吧。吴国就要垮台了。"

这篇文章的名字叫《蓝尹亹论吴将毙》，是从楚国的视角来看吴王阖庐和吴王夫差的差异的。对敌国进行情报分析和战略观察是古今中外所有国家都需要做的事情，这是知彼知己。相对来说，这样的分析一般都比较客观，如果扭曲事实，就起不到政策参考的作用了。蓝尹亹在分析吴王夫差时，可能有些夸大，但夫差生活奢侈、不惜民力，应该是真的。同时，蓝尹亹没有必要为阖庐说好话，因为他们没有利益纠葛，何况阖庐还是敌对国家的首领。阖庐在后期，也有些沉迷享乐，这是所有独裁者为了弥补精神的恐惧与空虚，需要通过物质来化解和填补的必然，倒不算大过。阖庐在位十九年，如果有生活腐化的情况，也应该是在临死前的岁月里。他在大半生中，都应该是一个像越王勾践一样有所作为的君主，否则，国家很难在短期内振作起来。

阖庐如果做了杀活人来为女儿殉葬的事情，那么这就是非常严重的罪行，即便在当时，也会为天下人所不容。真做了这样的事，还能得到百姓的拥护，是不可想象的。因此，《吴越春秋》中的说法存疑。

在没有民主、自由，没有约束权力任性制度的时代，独裁者就像老虎，为了长远的权益，他可能会收起利爪、野性于一时，甚至会为了取

第八章 天作孽可原可恕 自作孽血债血偿

悦大众而做出一些萌萌的造型,但是老虎就是老虎,出于嗜血的本能,一旦野性爆发出来,将会瞬间把对手撕得粉碎。最可怕的是,身怀利器,杀心自起,你根本不知道它何时会野性发作。

历史没有记载孙武是何时、为何离开吴国政治中心的,但他一定很清醒。他应该能认清吴王阖庐与夫差的本性,并且知道他们不是可以寄予个人理想的君主。但是,对于被复仇所裹挟的伍子胥而言,励精图治的吴王阖庐可以寄托他所有的人生理想,两人是有很多相似之处的。就是说,他俩价值观和战略规划相似,合作比较愉快。

伍子胥与吴王阖庐是否有战争暴行,并不能得出一个肯定的结论。但是从性格角度来分析,他俩有重大的嫌疑。

但是,在那个时代,伍子胥的战争罪责会被相对减轻。

其实,生活对伍子胥已经够慷慨的了。他是政治家、军事家、水战兵法创始人之一、苏州的首任"城建部长",名垂青史,生前富强了一个国家,施展了抱负,也对仇人进行了报复。他为了复仇所付出的坚忍,他对吴国灭亡所做的预测,他的委屈,都已经让他成为中国历史上独特的"这一个"了。

第九章　真假相乱花迷眼　鞭尸说扑朔迷离

伍子胥的性格，到底给他自己和中国历史带来了什么？

伍子胥这样一位性格独特、个性鲜明的人，他身上的优点和缺点都一抓一大把。

如果从缺点角度来看，"性情褊（biǎn）急，直言、嫉恶、贾（gǔ）祸"，这十个字应该是他的写照。

褊急，意味着性情狭隘和急躁；直言，说话直来直去，直接命中核心；嫉恶，对不符合自己价值观的行径，绝不容忍，疾恶如仇；贾祸，招来祸患（"贾"是买或者卖之意）。正是因为褊急、直言、嫉恶，他才给自己招来祸患。

抛开忠奸二元论，当然只能尽量抛开，做不到完全抛开，伍子胥有他自私的地方，有他自己的利益考量，只是因为历史的发展验证了他的预判，才让一代代人为他唏嘘感叹。

褊急之本义，是指气量狭小，性格急躁。按照常理，他作为一个政

第九章　真假相乱花迷眼　鞭尸说扑朔迷离

治家和军事家，当不至于是气量狭小之人，可是评判政治家与军事家的气量，必须用政治家与军事家的度量衡，不能用升斗小民的度量衡。任何一种性格，除了天生，永远逃不脱环境的养成。

伍子胥在父兄身死之前性格如何，史料没有记载，今人无从得知。按照他父亲的忠直和哥哥的愚孝来看，伍子胥应该是一个心思比较简单的人。

作为贵族子弟，他应该家境很好，衣食无忧，并且是受过良好教育的，如果不是家遭变故，他可能也只是一个普通的官二代。但是，命运和他开了一个巨大的玩笑。

伍子胥的祖先伍举以忠直而闻名。"一鸣惊人"有两个版本，一个是楚庄王版，一个是齐威王版。据说，伍举就是那个与楚庄王进行对话并促使其奋起的人，他是楚庄王的"魏徵"。伍子胥的父亲是楚平王的"魏徵"，他自己则是吴王夫差的"魏徵"。只可惜，成就魏徵的必须是唐太宗那类气魄恢宏的君主，如果是楚平王、吴王夫差一类平常的君主，魏徵们的忠直只能引火烧身。

由此看来，这个家族的血液中确实保留了一种"忠直"的基因。但是，父亲惨遭陷害，父兄身死，让伍子胥的性格产生了突变，发生了扭曲，由"忠直"转为"褊急"。

伍子胥着急，是因为他只有保住性命，只有找到那位能寄托个人理想的君主，只有让那个国家富强，才能报仇。在这个链条中，只要有一个环节出现问题，他的理想就不可能实现。这样的计划，不是五年纲要，而是十年计划，甚至需要二十年的忍耐。

伍子胥回复申包胥的时候说"吾日暮途远，吾故倒行而逆施之"，就是说，时间紧，任务重，他不能用常规的办法，而必须以非常之道来推进计划的实现。

他怎能不急？豁达大度、从谏如流，那是刘邦，不是伍子胥。谁要是有伍子胥那样的处境，谁就只能那样褊急。那种家族悲剧，培养不出温良恭俭让的君子来。

伍子胥已经拼尽了全力，但还是没有让楚平王生时看见吴军攻破楚国的都城，只能在其子楚昭王身上实施报复了。

复仇的力量转变为事业的激情，进而形成无坚不摧的执行力。伍子胥的仇人不是普通人，而是一个君主，因此，他只能以一个国家为复仇对象。要想复仇成功，他必须扶植另外一个国家，因而楚国的老对头吴国成了伍子胥最理想的依托。

巧合的是，吴王阖庐是一个雄才大略之人。伍子胥与吴王阖庐两人一拍即合。想要做事的话，这样的君臣是最佳组合。伍子胥能文能武，执行力强。他没有时间说些溜须拍马的话，而吴王阖庐也不想听那样的话。吴王阖庐要的是富国强军的结果。只要你有能力和办法，他就提供资源和平台。

伍子胥用与吴王阖庐沟通的方式与吴王夫差沟通，这就是刻舟求剑了，因为君主的秉性、战略构想已经完全不一样了。伍子胥不忠直，就没有他的今天，也没有吴国的今天。让他改变性格是不可能的，改变了就不是伍子胥。

吴王夫差的性格也不可能改变。他是高高在上的吴王，也是一个军事强人。他认为没有老板迁就下属的道理，还认为伍子胥老了，过于保守，办法不管用了，对于自己建功立业不但起不到促进作用，反而是一种阻碍力量。最后硬碰硬，两人死磕。

伍子胥的忠直个性导致他说话绝对，办事决绝。他发泄仇恨的"鞭

第九章 真假相乱花迷眼 鞭尸说扑朔迷离

尸"行为强烈地刺激了中国人。中国人一向讲究死者为大、入土为安。伍子胥的心情可以理解,但是"鞭尸"这种行为确实过头了。

伍子胥真的这么丧心病狂吗?"鞭尸"行为有没有发生过?究竟是"鞭尸"还是"鞭墓"?还是两者都没有发生过?

质疑伍子胥"鞭尸"和"鞭墓"行为的主要有三篇文章,明末清初思想家顾炎武先生的《子胥鞭平王之尸辨》和当代张君先生的《伍子胥何曾掘墓鞭尸》与吴恩培先生的《伍子胥"掘墓鞭尸"及其证伪》。他们的主要观点是"鞭尸"和"鞭墓"行为很可能都没有发生过,司马迁之所以这么写,是因为西汉时期侠士之风和复仇之风兴起,并且受到社会上的追捧,而伍子胥这样的"箭垛式人物"正好寄托了世人的理想,加之司马迁创作《史记》也是一种文化复仇。

然而,仓林忠先生的《关于伍子胥"掘墓鞭尸"若干问题的辨析》一文认为,不能轻易否定"掘墓鞭尸"的存在。

所谓箭垛式人物,是指把许多事迹堆砌到某个人身上,抒发个人观点时假托此人的名义,作为某种精神信仰和楷模。这是一种"人物设定",与人物原型是有很大差别的。比如黄帝、周公、姜子牙、孔子、管仲、诸葛亮、狄仁杰、包拯等名人都可能是箭垛式人物。

中国著名兵书《六韬》是假托姜子牙创作的。《六韬》中有姜子牙的思想,但绝不是姜子牙创作的。同样,《管子》只是体现了管仲的某些思想,也不是管仲创作的,应该是历代累积形成的作品。最有名的箭垛式人物是诸葛亮。罗贯中在写《三国演义》时,把一切智慧和美德都安在诸葛亮身上。真实的诸葛亮已经非常完美了,罗贯中这样一给他加上"历史美颜滤镜",反而显得不真实了。如果是创作小说,这样无可厚非。如果从历史真实来看,这样反而画蛇添足。

伍子胥传（评论篇）

伍子胥是一个箭垛式人物，但有时，这样的箭垛式人物，向其身上堆砌的不都是好的，也有很多坏的。

伍子胥的箭垛上，可能就有从不同方向、不同角度，由不同射手射出的不同的雕翎箭。

《春秋公羊传》《左传》《国语》这些书相对可靠，但是对于伍子胥的掘墓"鞭尸"和"鞭墓"行为只字不提，确实不合常理。吴国攻破楚国的郢都，这是当时的"重大国际新闻"，各大"历史媒体"不可能不

◎箭垛式人物的一些无奈和苦衷

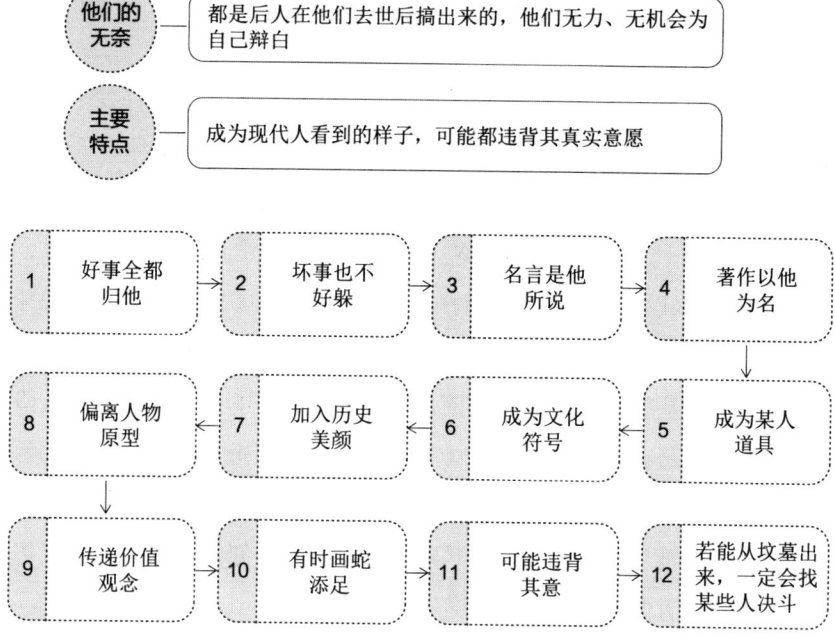

第九章 真假相乱花迷眼 鞭尸说扑朔迷离

做详细的报道和解读。如果伍子胥在这个新闻焦点上有掘墓"鞭尸"和"鞭墓"行为，这在当时有些突破人的底线，会成为一个重大的社会舆情事件。这几部重要的"历史媒体"和同时代的"意见领袖"都没有关注，确实不合情理。

《春秋穀梁传》《吕氏春秋》《淮南子》《越绝书》这几部书，都只提到了伍子胥"鞭墓"，没有"鞭尸"的记载。

明确记载"鞭尸"和"鞭墓"事件并且细节生动的史籍有司马迁的《史记》、赵晔的《吴越春秋》和扬雄的《法言》。

现在我们可以看看，相关史籍是如何记载伍子胥"鞭尸"和"鞭墓"行为的。

先看"鞭墓"说：

其一，《春秋穀梁传·定公四年》："坏宗庙，徙陈器（古代宗庙悬挂陈列的乐器），挞（tà，用鞭子、棍子等打人）平王之墓。"

其二，《吕氏春秋·首时》："（伍子胥）亲射王宫，鞭荆平（王）之坟三百。"荆平王就是楚平王，楚国当时简称为"荆"。这里增加了鞭打的数量，三百下。

其三，《淮南子·泰族训》："阖闾（庐）伐楚，五战入郢……鞭荆平王之墓，舍昭王之宫。"这里增加了吴王阖庐入驻楚昭王宫廷的记载。

其四，《越绝书·荆平王内传》："子胥救蔡而伐荆。十五战，十五胜。荆平王已死，子胥将卒六千，操鞭捶笞平王之墓而数之曰：'昔者吾先人无罪而子杀之，今此报子也。'"这里的"十五战，十五胜"，应该是"五战五胜"。这次增加了伍子胥数落楚平王的话："从前，我父亲无罪而被你杀害，今天我就用这个办法来报复你。"

其五，《史记·季布栾布列传》："夫忌壮士以资敌国，此伍子胥所以鞭荆平王之墓也。"季布是项羽手下的名将,好几次把刘邦逼得走投无路,后刘邦取得天下,赏赐千金求购季布人头,有敢隐匿者祸灭三族。季布非常讲义气,有些侠客欣赏他,帮助他隐藏,可这终归不是长久之计。于是,侠客朱家(真名不知)找到了刘邦的专职司机夏侯婴,让他向刘邦传话,说当时各为其主,季布追杀刘邦理所应当。如今刘邦刚当上皇帝,就因为私怨通缉一个人,属于向天下人显示了自己心胸不广。而且,项羽旧部那么多,怎么能都杀尽呢?如果季布这样的人给逼急了,他会向北逃往匈奴,或者向南逃到南越。到时候,他为敌国所用,因为忌恨一个人而给汉朝留下隐患,不就会出现伍子胥当年被逼离开楚国,最后带着吴军攻入楚国郢都,鞭打楚平王坟墓那样的事吗?因此,才有这句话。

再看"鞭尸"说:

其一,《史记·吴太伯世家》:"吴兵遂入郢。子胥、伯嚭鞭平王之尸,以报父雠(chóu,通"仇")。"这里,"鞭楚平王之尸"者,除伍子胥外,还有伯嚭。

其二,《史记·伍子胥列传》:"及吴兵入郢,伍子胥求昭王。既不得,乃掘楚平王墓,出其尸,鞭之三百。"此处记载的"出其尸,鞭之三百"者仅为伍子胥,而未记载伯嚭参与其事。

其三,《吴越春秋·阖庐内传》:"吴王入郢,止留。伍胥以不得昭王,乃掘平王之墓,出其尸,鞭之三百,左足践其腹,右手抉(jué,剔出;剜出)其目。"这条记载,不但全面继承了《史记》的说法,而且增加了"践腹抉目"的细节。《吴越春秋》的传奇性大于史实性,不能完全当真,细节越清晰,越可能有假。

下面综合分析一下这些史料。《春秋榖梁传》《吕氏春秋》《淮南

第九章 真假相乱花迷眼 鞭尸说扑朔迷离

子》三本书成书在《史记》之前。《吕氏春秋》是先秦诸子作品中唯一一本可以准确断代,并且著作权人没有疑义的作品。这部由吕不韦担任总编辑的书,在成书之后放在咸阳城门口公示,邀请各国的游士宾客们,谁能增加或删掉一个字,就赏赐千金(此为"一字千金"的来源)。虽然吕不韦此时为秦相,权倾朝野,但是没有学术上的自信,他恐怕不敢说此大话,因为学术的权威性要大于政治的权威性,学术是要放在千秋万代的时间长度上来衡量的。这部书记载了伍子胥的"鞭坟"行为,应该不是空穴来风。当时吕不韦学习战国四君子,也养食客三千,这里肯定包含着楚地、吴地的人。尤其是在组建编辑团队时,他一定会考虑到区域性人才的合理配置问题,这样才有代表性,因为他要"备天地万物古今之事",就是说,天地之间、古往今来的万事万物无所不包。所以,我们称《吕氏春秋》为"杂家"著作。吕不韦应该知道,如果学术上站不住脚,只靠政治权势支撑的学术泡沫,会成为历史的笑柄。他想名垂青史,应该会比较严格地挑选学术人才,也会对史料进行严格的甄(zhēn,审查鉴定优劣、真伪)别。

如果编辑团队"包含着楚地、吴地的人"这个假设成立,那么《吕氏春秋》记载的"鞭坟"说应该采信。

"鞭尸"说确实有很多地方值得商榷。

楚平王在位时间是公元前528年至公元前516年,吴军攻破楚国郢都的时间是公元前506年。从楚平王去世到楚平王被"鞭尸",有10年的时间。要是按照现在的丧葬习俗,此时楚平王应该是一堆骨灰。但是考虑到中国古人视死如生,非常重视厚葬和尸体的防腐问题(比如长沙马王堆汉墓的辛追夫人在刚出土时,还栩栩如生,皮肤有弹性,内脏都是完整的,她是在一种特殊液体中保存了两千多年),在墓中10年的楚平王尸体有可能是完整的。

仔细分析这里的差别,大概有五种说法:

一是鞭墓（坟）说;

二是鞭尸说;

三是鞭尸三百说;

四是伍子胥和伯嚭联合鞭尸说;

五是鞭尸三百加"践腹抉目"说。

到《史记》和《吴越春秋》出现的时代,伍子胥基本被定型为身负血海深仇、十六年如一日、艰苦奋斗、以一人而报复一个国家的复仇者与侠客,他的掘墓鞭尸行为,因为后人对司马迁的信赖,所以基本上认定是板上钉钉的事情。但是,在《史记》中有"鞭墓"与"鞭尸"两种说法。它们同时存在于一部著作中,这不得不引人怀疑。

必须说,《史记》中存在很多问题,包括与掘墓鞭尸齐名的卧薪尝胆,也是有问题的。《史记·越王勾践世家》的原文是:"越王句（勾）践反（返）国,乃苦身焦思,置胆于坐,坐卧即仰胆,饮食亦尝胆也。"意思是,越王勾践回国后吃苦耐劳,冥思苦想强国强军之道,准备着报仇雪恨。他把一个苦胆放在了座席旁边,使自己坐着躺着都能看到它,每次吃饭之前都要尝尝苦味。

读书不能读呆了,他这就是一种象征意义,不一定年年如此、月月如此、天天如此,而且苦胆放置久了就变质了。当然,也可以时常更换苦胆。等到苏轼写《拟孙权答曹操书》时,才出现"卧薪尝胆"之说,把"卧薪"加入了勾践的"奋斗符号集合"中。

笔者把"历史的真实"分成八个等级:

一级:史籍记载+考古证明+传承至今。这是真正的历史文化,化于

第九章 真假相乱花迷眼 鞭尸说扑朔迷离

人心,可信。

二级:史籍记载+考古证明+现已失传。这是历史化石,只代表曾经存在过,但可信。

三级:考古交叉证明。虽然缺少史籍佐证,但是考古器物可以互相证明,可信。

四级:考古孤证。缺少史籍佐证,考古器物只有一件,缺乏充足的证据,但可信。

五级:史籍交叉证明。没有考古证明,但史籍权威,作者与该时代较近,可信。

六级:孤证可立。不能提供考古证明,在其他史籍中也找不到证据,但可信。

七级:史籍交叉证明。没有考古证明,尽管史籍权威,但作者与该时代较远,可疑。

八级:孤证不立。不能提供考古证明,不能在其他史籍中找到证据,不可信。

如果按照笔者这个标准,吴越的水战和造船技术,应该划分到五级或七级中,因为现在没有发现"艅艎"号或者大翼舟,也没有发现完整的吴越造船工场,但是这些在各种史籍中记载得非常充分,而且吴越的造船技术应该是传承下去了。

至于本文中主要论证的伍子胥掘墓鞭尸问题,最高只能划归到五级或七级中,虽然有史籍的交叉证明,但是问题很多,不敢全信。

如果此时发现了楚平王墓,在墓中发现有被同时代人挖掘的痕迹,或者有金石类器物记载这个事情,或者说楚平王尸体完好但是发现骨骼是粉碎性骨折,倒是可以证明掘墓"鞭尸"确实存在。如果单靠史籍的记录来证明,那么当权威的考古证明出现的时候,就会推翻现在言之凿凿的定论。这是历史研究中没有办法的事情。不是说只以考古为准,而是说单靠史籍,有时证据的力量显得单薄,并非一味地质疑史籍,这个问题,一定要搞清楚。如果史官的史德、史识、史才都达到了一个高度,并且能详细占有权威资料,那么他们的记载也是一种文物,因为只有在他们的记载中,才可能知道历史上亡佚(yì)的重要史料。

因此,对于伍子胥的掘墓鞭尸,只能说符合其"性格的真实",没有标准答案。读历史或者人文类书籍,很多时候没有标准答案。作为非专业人士,也不必非得追求"历史的真实",真想明白了"性格的真实""人性的真实",就已经收获极大了。像陶渊明那样"好读书,不求甚解",或者像诸葛亮那样不求精熟,"独观其大略",对历史进行战略性研究,观其大略,观其大节,品其细节,品评人性,可能对于普通研究者,是最大的收益。

不仅掘墓鞭尸如此,还有一个发生在伍子胥身上的"悬眼国门"的典故,也只能追求"性格的真实"。这个故事是否存在,是有质疑和争议的,但是《史记》中记载了,可能它也符合司马迁喜好奇闻、奇人、奇行、奇事的一贯传统。

《吴越春秋》对这个细节记载得更为详细。一再说过,《吴越春秋》相对其他史料,可靠度有所下降,但如果是为了品味"性格的真实""人性的真实"倒也无妨。如果把《史记》和《吴越春秋》相关部分进行交叉叙述,就会更加直观。

导致吴王夫差下辣手诛杀伍子胥的基本原因如下:

其一,两人的战略分歧,从吴王夫差上台之后就没有停止过,争论不休,从夫椒之战打败越国算起,持续10年左右,这让夫差忍无可忍，而伍子胥坚持原则，死不退缩。

其二，在艾陵之战中，吴国胜利，吴王夫差被眼前的胜利冲昏了头脑，更加认为伍子胥老而无用，战略战术保守，已经成为自己前进的障碍了。

其三，在吴王夫差与伍子胥争论时，伯嚭在台前"旗帜鲜明"地支持老板的"正确意见"，在幕后更是肆无忌惮地攻击伍子胥的短处，火上浇油。

原因还有很多，不再一一列举。

◎再看伍子胥与吴王夫差的战略性差异

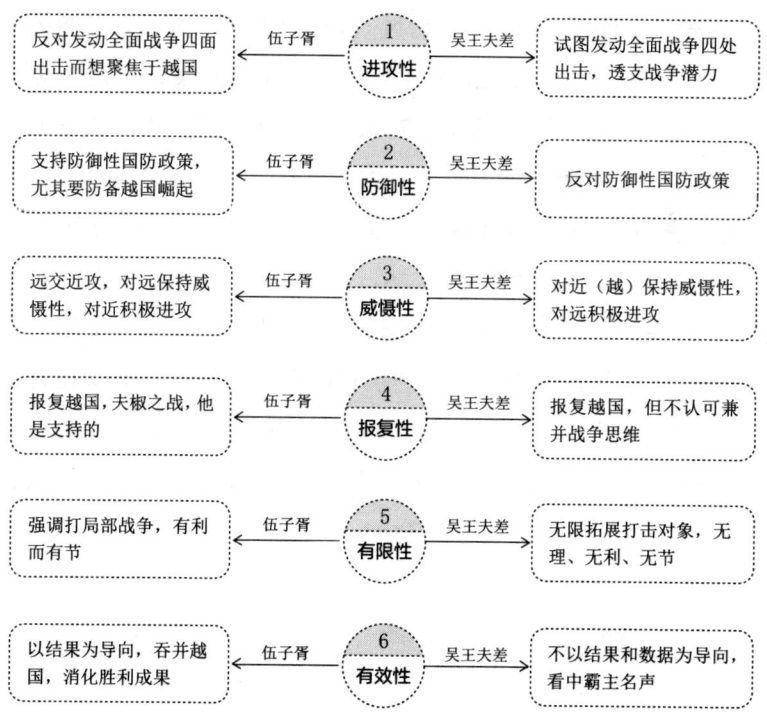

艾陵之战，是吴王夫差个人军事履历中最辉煌的一笔。伍子胥在战前一直唱衰，已经让吴王夫差非常愤怒了，但是仅凭这件事，他不一定会杀了伍子胥。吴王夫差对待伍子胥就像三国时的袁绍对待田丰一样。如果官渡之战胜利，袁绍志得意满，为了长久保持自己的优越感，以胜利者的姿态在战前唱衰的人面前显示自己的"英明伟大"，他会让田丰活着，把田丰的唱衰当成反面典型。让他活着，只要有机会就可以数落他一顿，这样多有优越感啊！吴王夫差也是这样的性格，他会让伍子胥活着。

可是伍子胥这时犯了一个有悖政治伦理的错误，成为他被杀的导火索。虽然吴王夫差在短期之内军事上节节胜利，但是伍子胥知道，这种胜利就像建筑在沙滩上的大厦，台风一来或者巨浪一冲击，可能灰飞烟灭。因此，他在一次被委派出使齐国时——虽然打仗，但是外交不可少，就对自己的儿子说："我多次劝谏大王，大王都不听，我看吴国很快就要灭亡了。你留在这里跟着吴国一起灭亡，是没有意义的。"于是，他把儿子委托给了齐国的鲍氏。据说，这一支脉后来改为王孙氏。

这本是一个充满慈爱的父亲对儿子做出的合理安排，但是别忘了，伍子胥不仅是一个父亲，他还是吴国的"公职人员"。如今他把子女安排到了敌国，取得齐国"绿卡"，自己在国内做"裸官"，确实违背吴国"公务员工作条例"。在吴王夫差看来，这是不可原谅的行为，相当于在列国宣扬吴国的危机、自己的无能、自己与伍子胥的矛盾。如果是别的国家还可以商量，偏偏是敌对的齐国！对于"面子大于天"的吴王夫差来说，是可忍，孰不可忍！

对于伍子胥的这个举动，确实存在极大的争议。只从伍子胥作为父亲的角度来看，这么做没毛病。可是从吴国"公职人员"伍子胥和吴王

第九章　真假相乱花迷眼　鞭尸说扑朔迷离

夫差角度来看，这是明显的不忠诚行为。其实，伍子胥已经尽忠了，他不爱惜自己的身体，可以与吴国共存亡，但是吴王夫差这些老板需要的是绝对的忠诚，没有一丝一毫个人要求的忠诚，只要不是绝对的忠诚，就要受到批判。

这时，伯嚭说话了，他知道最佳时机到了。《史记·伍子胥列传》的记载，翻译过来的意思就是："伍子胥生性刚暴，不讲情义，狠毒残忍。他如果把对大王长久以来的怨恨转化为行动力，恐怕是吴国的大祸啊！此前，大王伐齐，他一再说不行，而大王大获全胜。结果摆在面前，伍子胥并不认错悔过，反而恼羞成怒，更加怨恨大王不听他的话。而今，大王又要伐齐，伍子胥还是刚愎自用，自以为是，横加阻拦，诋毁破坏，诅咒大王失败，以便证明他有先见之明。如今大王不听其言，要统率全国的军队亲自征伐齐国，伍子胥就因为您没有听他的话，故意装病，推辞不去。看来他有反叛之心了，大王不能不防备他。另外，我还暗中调查过他，他在出使齐国的时候，偷偷地把儿子托付给了齐国的鲍氏。身为人臣，在国内稍微有些不痛快，就去勾结、依靠国外的诸侯，自己依仗着是先王的老臣，因为一时的不被信任，就心怀不满，对于这样的人，希望大王早做处置。"这番话，不能说全无道理。伯嚭只攻其一点，不及其余。伍子胥自认忠诚，伯嚭却专门破坏他忠臣的形象，而他儿子的出国，确实给了人最佳口实。尤其是，伍子胥为人直爽，不屑于隐瞒自己的观点，肯定会把不满表现在脸上，把不满用语言发泄出来。至于说他希望吴军战败来显示自己的先见之明，这恐怕是伯嚭的恶毒攻击。但是，这句话对吴王夫差的刺激太大了。

果然，吴王夫差说："即使你不说这些话，我也早就怀疑他了。"事情至此，再无回旋余地。于是，吴王夫差派人送去属镂剑，让伍子胥拿它自杀。

伍子胥这样的人当然不会求饶。这些年他虽然可以轻易地获取荣华富贵,但是俗世的快乐提不起他的兴趣。如果不能实现政治上的抱负,一切山珍海味到了他嘴里都味同嚼蜡。这类人有时更怀念在战车上颠沛流离但可以畅所欲为的峥嵘岁月。君臣同心,其利断金。与吴王阖庐的合作,可能是伍子胥最快乐的时光,哪怕吃糠咽菜都无所谓。

如今吴王夫差这样的态度,让伍子胥觉得生无可恋。如果融合《史记》和《吴越春秋》中他在自杀前的独白,可以想见他当时的痛苦。伍子胥接受了宝剑,赤着脚,撩起下衣,走下厅堂,来到院子中,仰望苍天,大呼冤枉。他说:"唉!本来是谗臣伯嚭误国作乱,可是大王却诛杀我。我开始是你父亲的忠臣,建设了吴国的都城。我制定谋略,攻破了楚国,向南制服了强劲(jìng)的越国,威势压倒了各国诸侯,让吴国在诸侯间称王称霸。现在,你不但不听我的劝告,反而赐剑让我自杀。我今天死了,明天吴国的王宫将成为废墟,庭院里会长满蔓草(李白名诗《登金陵凤凰台》中"吴宫花草埋幽径",说的就是这个场景),越国人将掘掉你的土地神、谷神神像,那时你恐怕才会想起我的金玉良言吧。想当年太子病逝后,先王和大臣们商量,要从众公子中挑选新太子,你日日夜夜来对我说:'父王想立太子,除了我还能立谁?此事的谋划全在您身上了。'我说:'太子之位还没有确定,我一进宫就能确定了。'当时,先王对你的评价是'愚而不仁',说你愚蠢而残暴,依能力无法继承吴国的大统,况且,众位公子都想谋夺太子之位,是我在先王面前誓死保你,说你讲信用、爱护民众、坚守节操、遵从礼仪,这才让你勉强当上太子,成为合法继承人,遂了你的心愿,以至于其他公子都埋怨我。你当了吴王之后,想把吴国分一半给我,我都没要。我真是徒劳一

第九章 真假相乱花迷眼 鞭尸说扑朔迷离

场。你忘了我安邦定国的恩德,听信小人的坏话,竟然要诛杀我,岂不是太荒谬了吗?"吴王夫差听说了这些话,十分愤怒地说:"你不忠诚、不老实,为我出使齐国时,竟然把儿子托付给齐国鲍氏,这是有外我之心。"吴王夫差派人催促他快点自杀,说:"我不想让你再看到什么了。"其实,这句话可能是说,伍子胥经常做一些预判,吴王夫差怕他的预判成为现实。伍子胥握住剑,仰天叹息道:"我死以后,后代人一定认为我是忠贞的,我也可以与关龙逄(páng。据说关龙逄是华夏史上第一个以死谏君的忠臣,死于夏桀之手)、比干(死于商纣之手)相比肩了。"这句话是有隐喻的,他自比关龙逄、比干,那么吴王夫差就是暴君桀纣(暴君的代名词)。于是,伍子胥用剑自杀了。

《史记·伍子胥列传》还记载,伍子胥自杀前,对手下人说道:"你们要在我墓前种上梓树,长成以后可以做棺材。还要把我的眼睛挖下来挂在吴国国都的东门,我要看着有朝一日越国人从这里进来灭掉吴国。"这就是典故"悬眼国门"的来历。这个记载不一定是真实的,但是符合伍子胥的性格,也符合一个战略家对于自己战略预判的自信。他在感情上是不希望看到的,但是在理性上他知道这一天一定会到来。

伍子胥与吴王夫差怎么就成了生死冤家呢?伍子胥的言行本来就不断刺激着吴王夫差的怒火,听说伍子胥还在叫板,死后还要悬眼国门,依然和自己过不去,吴王夫差更生气了。《吴越春秋》记载:于是,吴王夫差命人把伍子胥的尸体放在了牛皮袋子里,抛到了江里,说道:"子胥,你死之后,怎么能有知觉呢?"还割下他的头,放在高楼上,诅咒道:"日月烤你的肉,旋风吹你的眼,焰火烧你的骨,鱼鳖吃你的肉(端午节是纪念伍子胥的可能性更大一些,时人都哀怜他)。你的骨肉会灰飞烟灭,还能看见什么呢?"这种报复手段可谓恶毒。

吴王夫差本来不相信伍子胥死后有灵，可是当他自杀之前，却想起了伍子胥的逆耳忠言和战略预判。他对手下说："我生前惭愧，死后也一样惭愧。假如死人有知觉的话，我愧对先父，也愧对忠臣伍子胥和公孙圣。假如死人没有知觉，我也愧对自己，我的人生本来不该这样啊。我死了，你们一定要连结丝带来罩住我的眼睛。但我又怕只用丝带蒙不住我的眼睛，你们再把三幅轻软的丝织刺绣品叠加到一起来遮挡我的视线，以便使活着的人不显现在我的眼前，死去的人也认不清楚我。我还能怎么样呢？"明朝崇祯帝临死前以发覆面，恐怕就是学习吴王夫差。这番话如果是真实的，那么他确实悔过了——迟到的后悔。

这就是伍子胥，他善于谋国，不善于谋身。他与吴王夫差都是偏执型人格的人。同是这种人格的两个人，中间没有公约数，没有妥协、退让和包容，只有一种撕心裂肺的对抗，让人永远唏嘘（xī xū）慨叹。

每当人读到这里，不论喜不喜欢、认不认可这样一个天使与魔鬼性格兼具的伍子胥，都会被他的奋斗意志和因为立志报仇而产生的强大生命力和破坏力强烈地震撼到。

第十章　壮士结局虽堪叹　一生忠烈有天知

伍子胥的个性形象，留下的现代意义在哪里？

作为天才的战略家、职业的政治家、杰出的军事家，伍子胥是生出来的，是打出来的，不是培养出来的。他是"政治上的艺术家"，只考虑政治得失，不顾念个人生命安危，有大艺术家的偏执性格和对世俗价值的不屑一顾。不纯粹，成不了大艺术家。

对于伍子胥的短处和缺点，已经长篇累牍地分析和批判过了，在结尾时，主要分析伍子胥能带来的一点现代意义。

伍子胥在父兄遭难时，可以有三种选择：苟且偷生、死于名节、矢志复仇。第一种，虽然屈辱，但是做起来比较容易；第二种，直接、痛快，也比较容易被人赞美，但需要勇气；第三种，艰难，如果在逃生的过程中被抓住处死，他就会被冠以贪生怕死、不忠不孝之名，永世不得翻身。第三种选择，要有勇气和机缘，还要有能力和智慧。他要经历逃生、生存、崛起、复仇这些环节，在每一个环节中，他都要向上天祈祷，不要在壮志未酬之时身遭不测。在这方面，命运的天平倾斜向了伍子胥。虽然他活得很痛苦，但是上天给了他足够的时间。

《伍子胥何曾掘墓鞭尸》的作者张君先生，在其作品中，不仅质疑伍子胥的鞭尸、鞭墓之举，还提出了一个大胆的观点——这次对楚战役，伍子胥根本就没有参加。除了因为《左传》没有记载伍子胥的名字之外，还因为伍子胥说的那句话"吾日暮途远，吾故倒行而逆施之"。伍子胥在掘墓鞭尸之后，他曾经的朋友申包胥派人指责他做事太过，他说了那句话。张先生认为，在伐楚战役之后，伍子胥还能生活 22 年，如果不是被吴王逼死，他可能会更加长寿。张先生认为，入郢时子胥应正当壮年，怎么会说出"日暮途远"这种老年人因时日无多而急切于报仇的话来呢？《伍子胥列传》渲染、虚构之过分，由此可见一斑。

这个观点值得商量。用现在的视角看这段历史，伍子胥还有 22 年阳寿，可是当时伍子胥自己不知道啊，哪一个局中人能预测自己的寿命呢？伍子胥说这话没毛病。

其一，对于伍子胥来说，每一天都可能是最后一天，常年带兵，南征北战，可能战场上一个飞来的箭头就要了自己的命。吴王阖庐就是在对越作战时被伤了脚趾，一命呜呼的。当时的伍子胥肯定要做最坏的打算，不敢奢求长命百岁，而且不必长命百岁。如果不能实现理想，活得越久就越是一种痛苦的折磨。

其二，伍子胥逃到吴国时是 37 周岁（按公元前 559 年出生推算。史无明载。伍子胥到吴时为吴王僚五年，公元前 522 年），攻入郢都时是 53 周岁，被迫自杀时是 75 周岁。53 周岁的人在现在看来不算老，但是在伍子胥时代，已经是一个绝对的老人了。看看其他人的寿命：越王勾践约 55 周岁；吴王阖庐约 41 周岁；吴王夫差约 55 周岁；文种应该死于公元

第十章　壮士结局虽堪叹　一生忠烈有天知

前472年，但是生年不知，应该不会超过60周岁；孙武约75周岁；子贡约64周岁；孔子73周岁；范蠡，有人考证其生卒年是公元前536年至公元前448年（本人没有详细考证），约88周岁。这些都是与伍子胥同时代的人。以上人物的年龄，如果按照学术考证，未必有如此清晰的记载。阖庐（公元前514年至公元前496年在位）、夫差（公元前495年至公元前473年在位）、勾践（公元前496年至公元前465年在位）的继位时间、去世时间都是比较准确的，生年不确定。子贡的生年是公元前520年，逝年不确定。伍子胥则是生年不确定，逝年确定，为公元前484年。文种的生年不确定，逝年也不确定，因为公元前473年越灭吴，不久文种去世，推算应该是公元前472年左右被逼自杀。孙武、范蠡的生卒年都不确定。只有孔子的生卒年，是所有这些人中最精准的，即公元前551年至公元前479年，73岁。其他人的年龄推算，只是采取某一种说法，不权威，而列举的目的，只是为了让人产生直观的印象而已，千万别当成学术性结论。

像孔子、孙武、范蠡、伍子胥，在那个感冒、发烧、肺炎都可能夺去人生命的时代，绝对是长寿明星了。他们长寿有一定的道理。孔子和孙武是大知识分子，大知识分子一般都长寿。因为大知识分子都心态平和，而心态平和是长寿的标配。范蠡既是大知识分子，还是亿万富翁，一定保养得不错。其实伍子胥肩负复仇大任，不具备长寿心态。伍子胥当时不一定知道自己的生命力如此顽强，上天在这个方面如此厚待他。现在统计不到当时的平均寿命，也许37周岁，就已经超过了当时寿命的平均值。他在53周岁时说自己"日暮途远"，完全没有毛病。"日暮"是说自己年龄老了，"途远"是说自己任务艰巨。在这里辨析一个词，"贫穷"。"贫穷"现在是一个词，古时是两个词，"贫"是指没钱，

"穷"是指没路。伍子胥的意思应该是，他既然选择了复仇之路，就别无选择，要么生存，要么毁灭。当时与楚国有地缘争端的国家里，敢于挑战楚国的，只有吴国。他为了报仇，只有到吴国，并且首先让吴国强大起来才行。但这是一条漫长的道路，如果出现一些自己掌控不了的事情，很可能前功尽弃。因此，他格外珍惜每一天，也感到时间紧迫，别无其他出路，不得不倒行逆施。倒行逆施，古今的用法完全不一样。因此，伍子胥说那句话，一点儿也不奇怪。

其三，伐楚战役是赌上吴国国运的战役，伍子胥怎么能不参加呢？如果失败，吴国就灭亡了。不论是战略规划还是战术指挥，都离不开伍子胥这样的军方一号人物。当时，核心指挥团队里有吴王阖庐、孙武、夫概、伍子胥。阖庐是军事统帅，当时也是一个军事上的知名人物，多次带兵打仗，可他还需要考虑政治范畴的事情，需要做好战略全局的协调工作；孙武的优势在于谋，是"政委"，是"参谋长"；夫概的优势在于勇，适合充当一线的战斗指挥官，可无法驾驭大局。因此，伍子胥不可缺，他是最佳的吴军"总司令"人选。

其四，正是因为吴国倾巢而出，才让越国看到了机会，乘虚而入。吴王阖庐的弟弟夫概也正是看到了国内空虚，才偷偷潜回吴国，想要夺取吴王宝座。如果伍子胥没有参加伐楚战役，而镇守国都，这两股势力是很难有这样机会的。

不能因为《左传》没有记载伍子胥参战之事，或者《史记》记载伍子胥说了"日暮途远"那句话，就怀疑他是否参加了伐楚之战。

伍子胥的缺点不容掩盖，也无须掩盖。《论语·子张篇》记载子贡的话："君子之过也，如日月之食焉：过也，人皆见之；更也，人皆仰之。"君子的过错，就像日食和月食一样，人抬头就能看见，但是日

第十章 壮士结局虽堪叹 一生忠烈有天知

食、月食终究是短暂的,光明只是被暂时遮盖,就像君子犯了过错,只要及时改正了,人们依然可以仰视其明。同样在这篇,还有子夏一句话:"小人之过也必文。"小人犯了错误,一定会文过饰非,千方百计地进行掩盖和自我辩护。这是两种鲜明的对比。伍子胥之言行虽然未必称得上君子,但是他相对来说还是比较坦荡的,功过鲜明,优点缺点都十分直观。如果说到过错,他不是错在什么情商不够上,而是错在做事过分、不留余地、性格偏执、以暴制暴上。以暴制暴才是最为致命的。

读历史,一定要有欣赏的态度,要像对待艺术品一样,仔细把玩。读历史,不是只读历史故事,而是要把重要历史人物的人生、性格、优点、缺点,掰开了揉碎了,细细品味,既欣赏宏观大历史的豪放,又欣赏个体小人物的微妙。

读历史,当然要有批判之心。要批判人物,批判观点,因为在这个过程中,就是批判自我。

读历史,不一定非得追求历史的真实,但是一定要学会品评,因为你这是在与另一个"我"进行比较和对话。

个人学史,非常好,要么追求"历史的真实",当一个历史发烧友,要么追求"性格的真实",让历史人物成为丰富自己人生的一部分素材。

伍子胥,历代名人对他都有点评,大多数人都持欣赏的态度。我们既不要盲从名人,也不要自认比他们高明。无论如何,伍子胥在士文化的群体中,都是一个非常特殊的存在。

只有带剑读《史记》,才能读出一个文武双全、刚柔并济的士,才能读出士文化的精髓。